Simone Colombo

Quando un rapporto di lavoro finisce

Come si gestisce un licenziamento
e come si previene

Vademecum raccontato per imprenditori

MNAMON

Introduzione

"Il calciatore! Voglio fare il calciatore!"
Ecco cosa avrei risposto a 10 anni alla domanda "Cosa vuoi fare da grande?" E voi? Quando ancora non esistevano veline e tronisti le bambine sognavano di fare le ballerine, le maestre o le parrucchiere. Tra i bambini invece le professioni più gettonate erano quelle del pompiere, del pilota o dell'astronauta. Quel che è certo è che nessun bambino sogna di fare il consulente del lavoro, neppure chi, come me, è "figlio d'arte" (o dovrei dire "di mestiere") e lo studio l'ha frequentato fin dalla più tenera età. Io non ho mai trovato nulla di entusiasmante in tutte quelle scartoffie che ingombravano l'ufficio di mio padre. Nelle foto da bambino sono spesso ritratto in pantaloncini, d'estate e d'inverno senza differenza, due scarpette chiodate ed il pallone in mano. Nelle mie partite immaginarie sono sempre stato un numero 10 del pallone, eclettico e dai piedi buoni. Nella realtà il piede non proprio sopraffino mi ha portato a seguire le orme di mio padre. Anche se inizialmente ho fatto molta fatica a vestire i panni del consulente del lavoro, oggi credo di essere innamorato di questa professione che mi permette di entrare nelle storie delle persone. Questo è l'aspetto più affascinante del mio lavoro che, a dispetto di quanto si possa pensare, va ben oltre la semplice gestione di numeri e stipendi.

Ho una grande passione per le storie. Non solo quelle vere che ascolto e vivo ogni giorno per via del mio lavoro ma anche quelle raccontate nei romanzi di Egger, Hornby, Wallace. Come molti lettori accaniti, anche io per tanto tempo ho coltivato il sogno di scrivere un libro, finché ho deciso di realizzarlo. Accogliendo uno dei consigli che si rivolgono agli aspiranti scrittori ho deciso di raccontare la realtà che conosco meglio. Vi racconterò la storia di un rapporto di lavoro, ma non lo farò partendo dall'inizio, ossia dal primo colloquio, bensì dalla fine, dal licenziamento.

Non è una storia vera. L'ho scritta tessendo elementi tratti da pratiche di licenziamento che ho curato negli ultimi anni. L'imprenditore Giacomo Rota, il dipendente Massimo Petrale e il consulente del lavoro Edoardo Crisci sono dunque personaggi inventati, ma possiedono caratteristiche molto reali, tanto reali che probabilmente qualcuno si rivedrà nei panni di uno di loro.

Nel personaggio di Edoardo ci sono la mia esperienza di consulente del lavoro, il mio approccio alla professione ed alcune delle mie più grandi passioni come la corsa, il surf e la città di Milano di cui ho tratteggiato qua e là qualche scorcio.

Questa storia parla di lavoro, ma, in fondo, anche d'amore. Se ci pensate, anche un rapporto di lavoro inizia spesso con un colpo di fulmine. C'è un incontro, la sensazione di essere fatti l'uno per l'altro. Come nel matrimonio, viene sancita un'unione con un contratto. Il rapporto prosegue attraverso regole di convivenza e a volte termina, nel bene o nel male, con una separazione.

Tra l'assunzione ed il licenziamento c'è la vita vissuta: 8 ore al giorno, 5 o più giorni la settimana per 1, 2, 10, 30 anni, una vita.

I protagonisti possono fare molto per scrivere il finale della storia, che dovrebbe essere programmato fin dai primi istanti del rapporto più di quanto si pensi (in questo un rapporto di lavoro si differenzia da un rapporto amoroso).

Ma in definitiva, cos'è questo libro? Un romanzo? Sì, nella misura in cui racconta una storia. Ma io non sono uno storyteller di professione. Io faccio il consulente del lavoro. Ho deciso di raccontare una storia perché credo sia il modo migliore per affrontare uno dei temi che oggi anima maggiormente le discussioni intorno al tema del lavoro: il licenziamento.

La normativa sui licenziamenti è sempre stata vista come un dogma culturale in Italia. D'altronde è nata con il mito del posto fisso ed ha quasi un retaggio statale, tipico dei primi anni '70. Con le modifiche del tessuto economico italiano e mondiale, tutte le riforme successive al 2000 hanno cercato di ridefinire il vecchio concetto della *job property*, ossia della tutela del posto fisso ad ogni costo, verso una *flexsecurity* e quindi uno spostamento del focus dal "posto di lavoro" alle politiche attive per il ricollocamento. Dal 2012 ad oggi, la legge Fornero ed il Jobs Act hanno riscritto le regole di uscita dall'azienda, nel tentativo di ridurre l'incertezza che da tempo imprenditori italiani ed investitori stranieri lamentano, soprattutto riguardo ai costi del licenziamento. La vicenda raccontata nel libro esprime questa incertezza. Il consulente del lavoro ipotizza vari scenari al proprio cliente senza però dare per certo l'esito della vicenda, proprio come accade nel mio lavoro. Mentre sto scrivendo questo ebook, sono stati da poco approvati i primi decreti attuativi del Jobs Act. L'obiettivo di questa legge è di semplificare il mondo del lavoro, cercando soluzioni più efficienti e certe. Da uno studio del World Economic Forum risulta infatti che al quarto posto della classifica dei fattori più problematici per fare business in Italia c'è una normativa del lavoro troppo restrittiva. Un'elaborazione di Ipsos, società di indagine statistica, ci dice che le aspettative sul Jobs Act, per aziende di medie – grandi dimensioni, sono positive per almeno il 67% delle aziende intervistate e la speranza è che l'eliminazione dell'incertezza, unita alle nuove proposte per le politiche attive, trasformi queste aspettative in investimenti e crescita del sistema economico italiano. È proprio in quest'ottica evolutiva che dovrebbe essere vista una legge sul lavoro. Purtroppo la maggior parte delle discussioni e dei confronti sul Jobs Act verte sul famigerato *articolo 18,* come se fosse il vero cuore della legge, e inevitabilmente si finisce a parlare di licenziamento. In realtà servirebbe uno spostamento di focus, lo stesso che cerco di proporre al termine di questo libro, dove il licenziamento è solo apparentemente il tema centrale. In realtà è una scusa per suggerire un atteggiamento produttivo nella gestione del personale in azienda.

Spesso ho incontrato imprenditori più preoccupati di restare nei parametri imposti con l'articolo 18 che di operare una corretta selezione e gestione del personale. In realtà, proprio una corretta gestione del personale, fin dal processo di selezione, offre maggiori probabilità che i rapporti di lavoro siano più duraturi e soddisfacenti per datori di lavoro e lavoratori. E ciò si traduce anche in migliori performance e risparmio di costi.

Certezza o meno del diritto, licenziare un dipendente espone l'azienda a rischi e **costi** che spesso non sono visibili nei bilanci. Ho cercato di elencare tali costi in una infografica da cui emerge che, oltre a quelli sostenuti per l'indennità di licenziamento e per le consulenze, ci sono altri costi difficilmente quantificabili. Ad esempio, come si misura il mancato rendimento di un dipendente prima della fatidica lettera di licenziamento? Come si misura l'impatto che una scelta sbagliata può avere sulla motivazione e sulle performance del resto del personale? Là dove non arrivano i numeri, arrivano le storie, che ci aiutano a dare un senso, oltre che valore alla realtà. Ecco perché ho raccontato una storia e non ho scritto solo un manuale.

La parte manualistica di questo ebook si trova al termine di ogni capitolo. Lì esco dalla finzione e non ho bisogno di affidare le mie parole ad Edoardo Crisci. Parlo in prima persona e spiego in modo semplice e sintetico (o almeno ci provo) normative e problematiche in tema di gestione del personale. Questo è ciò che faccio solitamente con i miei clienti. Li aiuto a comprendere meglio e ad orientarsi nell'intricata selva delle normative sul lavoro. Non a caso ho scelto di intitolare le parti manualistiche *vademecum*, perché il significato etimologico di questa parola, che viene dal latino, è "vieni con me", nel senso figurato di "ti do una mano". Non ho voluto essere troppo tecnico, perché di saggi di questo genere ne esistono tanti da riempire intere librerie. Ho voluto "alleggerire" un tema che troppo spesso viene trattato in modo pesante e soprattutto come se non avesse a che fare con le vite e le emozioni delle persone. Alleggerire non significa banalizzare, ma semplificare e soprattutto dare un significato a norme e procedure, che spesso ne appaiono prive proprio a causa della loro eccessiva complicazione.

Ho scelto di raccontare un caso dove non c'entra la crisi, dove il licenziamento è l'effetto di una crisi relazionale più che economica. Negli ultimi anni mi è capitato sempre più spesso di occuparmi del licenziamento di personale non solo per crisi aziendali ormai acclarate, ma anche per porre fine a rapporti irrimediabilmente compromessi tra datore di lavoro e lavoratore. Ogni volta mi sono chiesto se poteva andare diversamente. Ogni volta ho immaginato, un po' come accade nel film Sliding Doors, un finale diverso della storia. La stessa cosa farà Crisci al termine della vicenda, ipotizzando altre vie che avrebbero potuto portare ad un finale diverso.

Finora ho cercato di spiegare cos'è questo libro. Di sicuro non è un libro di facili ricette. Non ce ne sono quando si tratta di gestire il personale. Non esiste una verità certa ed assoluta, ma solo vie che possono portare più lontano di altre, con maggiore soddisfazione per gli imprenditori ed i lavoratori.

Nei panni del runner come in quelli del consulente del lavoro, cerco sempre di percorrere vie che portano più lontano.

Prologo

Venerdì: ore 11. Milano è riscaldata da un pallido sole autunnale. I suoi raggi si infrangono sul Tribunale del Lavoro, senza riuscire a dar luce al buio e tetro edificio in ristrutturazione.

Dietro c'è la Besana, un luogo molto più gradevole ed ospitale, anche se a quest'ora la coda e lo stress quotidiano della città la rendono inosservata alla maggior parte delle persone. Per chi è di Milano o ci abita è un riferimento stradale o poco più. Pochi pensano che questo possa essere un luogo affascinante come molti altri che si visitano ed ammirano a Firenze, Roma, Parigi. Forse in questo momento c'è qualche turista che contempla il monumento e scatta foto, ignaro del fatto che a breve distanza si sta consumando il giorno del giudizio, l'atto finale di un rapporto professionale tra Giacomo Rota, imprenditore del nord che ha costruito da sé la propria fortuna, e Massimo Petrale, una lunga carriera nella vendita partita con il porta a porta per arrivare alla responsabilità di una business unit nel b2b.

I due contendenti non parlano, eppure attraverso il loro sguardo posso percepire un silenzioso dialogo:
"Adesso vediamo, finalmente mi dovrai riempire d'oro, così impari a fare quello che vuoi e a sfruttarmi, sempre con quella faccia lì da arrogante. Tutti ai tuoi piedi, signorsì signore. E ora come la mettiamo? Che faccia farai quando te ne tornerai in azienda sconfitto? La voglio proprio vedere".

"Ma io non lo so, con tutto quello che c'è da fare in azienda, sono ancora qui a perdere tempo con te. Non sopporto più di vedere quel sorrisetto da arrogante. Dopo che ti ho offerto sei mensilità, ti ho mantenuto a scaldare la sedia, adesso cosa vuoi? Insomma, nella mia azienda comando io, sarò pur libero di decidere chi è fuori e chi è dentro. E invece no, il sistema tutela sempre i fannulloni. *So già come andrà a finire sta storia...!*"

Quante volte ho sentito pronunciare parole simili in queste occasioni! Dopo un'esperienza ormai decennale, riesco ad intuire i pensieri delle persone coinvolte e dovrei gestire questo genere di cose con distacco, quasi con il pilota automatico inserito. E invece non riesco ancora ad abituarmi. Forse non voglio abituarmi. Ogni volta assisto alla fine di un rapporto professionale con dispiacere e anche con un po' di rammarico per non aver potuto contribuire a scrivere un finale diverso della storia. Forse avrei potuto farlo, se Giacomo Rota non mi avesse chiamato alla fine, quando il rapporto di lavoro con Massimo Petrale era ormai irrimediabilmente compromesso e la decisione di troncare il rapporto era stata presa.

Oggi la storia si è conclusa in tribunale. Come ci siamo arrivati ve lo voglio raccontare per gradi nei capitoli successivi.

Riavvolgiamo il nastro, partiamo dall'inizio e buona lettura!

Capitolo 1

"Lo voglio fuori!"

Pacific Beach, San Diego, California, alle mie spalle "la Jolla" [1], e a sinistra il molo. Una leggera foschia copre il sole che sorge. Intorno a me un'enorme distesa di sabbia e di fronte l'oceano di colore scuro, né azzurro, né verde, né nero, ma una combinazione di tutti e tre i colori. Sullo sfondo si intravedono già puntini di gente seduta a cavalcioni sulla tavola. Indosso la muta invernale, prendo la mia tavola sotto braccio ed entro. Raggiungo la line up [2] e mi siedo ad aspettare il mio momento. Dall'acqua esce solo la punta della tavola. Mi giro verso l'orizzonte e guardo il moto ondoso che si produce in attesa della mia onda. Arriva la prima, la lascio passare, ecco la seconda più grossa che finalmente rompe. Sposto la punta di 45°, mi sdraio prono ed inizio a remare il più velocemente possibile, come se stessi scappando da uno squalo. Funziona così, bisogna sintonizzarsi con il movimento dell'onda per farsi trascinare e non farsi passare. Ho raggiunto l'onda e mi sta trasportando, sento la tavola rigida come se avessi sotto il pavimento, sento che sta prendendo velocità ed ecco che...

Bip bip 5.45, sveglia dei giorni pari, i giorni della corsa. Con una flessione delle braccia, mi alzo dal letto come se stessi iniziando il take off [3] su una tavola da surf. Mi muovo rapidamente, perché so che se rimanessi anche solo un secondo di più a letto mi girerei dall'altra parte per proseguire il sogno interrotto proprio sul più bello dall'impietosa sveglia.

Alla ricerca di un piccolo bagliore che illumini la stanza, guardo fuori dalla finestra. Milano all'alba offre il privilegio di una città vuota, che fa venire voglia di correre per strada per qualche ora senza traffico, senza auto in doppia fila, alla scoperta di angoli, palazzi e piazzette che la normale routine lavorativa rende quasi invisibili. Nel mio tour da runner, generalmente mi dirigo verso la darsena, punto di incontro tra i due navigli, luoghi affascinanti, progettati in parte da Leonardo Da Vinci, che alle prime ore del mattino offrono davvero uno spettacolo suggestivo, con il sole che si riflette sull'acqua ed illumina parte dei palazzi che vi si affacciano. Il sabato o la domenica mattina ci sono anche le canoe e si ha l'impressione di essere in un quadretto impressionista. Proseguo verso le vie più nobili ed antiche della città, senza mai toccare il centro, per finire in un parco alla ricerca di qualche compagno di corsa. Spesso al parco Sempione per poter circumnavigare l'Arena e a volte nel più elegante parco Indro Montanelli di via Palestro.

Runner metropolitani: così si definiscono individui in calzamaglia che percorrono di corsa le città mattina e sera, consumando le suole delle scarpe senza una meta apparente. Si corre sullo stesso campo, campioni affermati e semplici "tapascioni". Sono convinto che tutti i runner milanesi gustino e riscoprano luoghi che attraversiamo tutti i giorni in modo distratto. Adoro questa città, mi ha adottato ed ogni volta ne riscopro un parte sempre nuova.

Non voglio mancare alla mia tabella di allenamento, faccio tre respiri profondi alla finestra, bicchiere d'acqua e poi procedo con la vestizione completa: pantaloncini neri, calze nere, maglietta bianca, felpa tecnica, cronografo, scarpe con doppio nodo, cuffiette e… via si parte!

Oggi 10 km, belli tonici. Anzi, oggi mi sento in forma e sono pronto ad un tempo mai visto prima. Non vedo l'ora di postare la mia performance su facebook ed assaporare tutti i complimenti degli amici!

Prendo le chiavi di casa e, a questo punto, accendo il cellulare, giusto per averlo pronto al mio rientro. È una mia consuetudine: dalle 21 alle 6 ho sempre il cellulare spento, nessun sms, nessuna telefonata, né e-mail. Dopo le 21 stacco completamente la spina!

Bip bip, questa volta è il telefono che annuncia una e-mail contrassegnata con il punto esclamativo.

3 dicembre, ore 22.30
Da Giacomo Rota

Oggetto: LO VOGLIO FUORI!!!
Ciao Edoardo,
    hai presente il venditore fannullone? Ecco adesso è arrivato al capolinea. Me l'ha fatta troppo grossa e non ne voglio più sapere. Lo voglio fuori! TI ASPETTO DOMANI NEL MIO UFFICIO ALLE 8.30.
Giacomo Rota

Accidenti! Ecco come una semplice e-mail di poche righe può mandare a monte la giornata perfetta: il record al km che avrei sicuramente stabilito. Allenamento rinviato!

Tutte le mattine quando sorge il sole so che dovrò correre, per hobby o per lavoro!

Visto che mi sono svegliato presto, riesco a dedicare più tempo alla colazione che consumo con lo sguardo fuori dalla finestra. È una giornata grigia, non dovrebbe piovere, ma le nuvole piuttosto basse non mi permettono di vedere le montagne in lontananza. A fatica scorgo la madonnina, simbolo di "Milan", che di solito luccica di tutto il suo rame dorato come un trofeo. Oggi no, ha deciso di riposare e di mostrare un semplice colore giallo, anche un po' sbiadito dagli anni. I lavori in strada anticipano di qualche ora il traffico tipico delle grandi città e l'aria non è più così piacevole come quella pregustata nei panni del runner. Il fascino di Milano è svanito, dissolto da una luce fredda che fa apparire in primo piano anche gli angoli più degradati della città. Dopo aver fatto la doccia senza neppure aver sudato, mi preparo, indossando la "divisa da consulente del lavoro".

Apro l'armadio e prendo l'abito blu, colore autoritario, che, al tempo stesso, trasmette sicurezza e calma. Dal tono dell'e-mail credo ne servirà molta. Abbottono la camicia bianca e lego la cravatta a pois in tinta con l'abito.

A "guastare" il quadro impeccabile del tipico consulente è un particolare fisico che da qualche anno è diventato il mio elemento distintivo: i capelli lunghi, biondi e mossi raccolti in una piccola coda o spesso lasciati arruffati. Sono la giusta antitesi al mio modo di vestire al lavoro, sempre perfetto, salvo qualche accessorio non proprio convenzionale. Mi piace definirmi un "Bobo-Chic". Pare che Bobo sia la crasi linguistica di Bourgeois Bohémien, un termine coniato dal giornalista americano David Brooks, per indicare una particolare categoria di consumatori che nel proprio stile esprimono la commistione dei precetti borghesi e bohémien, dove avere ed essere non sono termini inconciliabili, ma possono convivere. Per questo motivo lo stile Bobo chic è elegante, con qualche elemento di ricercata trascuratezza.

Questo stile esprime l'ambivalenza della mia personalità in perenne conflitto tra il senso del dovere, che mi ha spinto a seguire la via professionale aperta da mio padre, e il desiderio di libertà che in parte soddisfo quando mi trovo su una tavola da surf.

È buffo quando all'alba mi sveglio per andare a Levanto a "prendere qualche onda". Parto in bermuda e felpone, poi passo alla muta e, dopo due ore, sono già in giacca e cravatta. Unica traccia che potrebbe tradire l'insospettabile consulente è un po' di sale in faccia.

Da giovane giocavo anche a tennis e dicevano che potevo avere un futuro da professionista, ma il mio carattere ultra critico nei miei confronti mi ha fatto smettere troppo presto. Le mie doti tennistiche ora mi permettono solo di suscitare l'ammirazione dei soci del mio circolo. Credo che qualcuno sia diventato mio cliente per potermi chiedere consigli su dritti, rovesci etc o perché convinto di parlare sulla stessa lunghezza d'onda, perché vale l'equazione: "Stesso hobby – stesso modo di pensare – non mi potrà fregare. In più è bravo, quindi sarà bravo anche sul lavoro." È proprio così che ho conosciuto Giacomo Rota.

Giacomo non è ancora un mio cliente e nemmeno sembra esserne il prototipo, ma, come lui stesso ama ripetere, "Se duri 50 anni, quindi fai bene il tuo lavoro, vedrai che prima o poi verranno da te anche i personaggi più inaspettati". Oggi è seguito da un noto studio milanese di consulenti. Non capisco perché abbia chiamato proprio me. Forse perché, mio malgrado, ultimamente ho la fama del killer esperto nei colpi di precisione.

Se vivessi in America, cosa che ho sognato per anni, sarei già considerato un senior. In Italia invece sono ancora troppo giovane. I clienti preferiscono affidare l'ordinaria amministrazione delle proprie aziende a gente più anziana e con strutture decisamente più grandi della mia, di quelle dove i professionisti sono suddivisi in partner, senior e junior, dove non esiste l'abbigliamento informale e fino a qualche tempo fa si pagavano tariffe orarie.

Quando poi però c'è da rischiare la figuraccia e risparmiare dei soldi chiamano me.

Qualcuno direbbe che ora posso vantare un'esperienza maggiore di quella dei miei coetanei, anche se l'uso della parola "vanto" non mi appartiene, anzi mi fa venire il prurito.

A volte penso che se mio padre non si fosse ammalato e non mi avesse ceduto prematuramente le redini dello studio, quando ero ancora uno studente, oggi sarei una persona diversa. Sono passato dalla condizione privilegiata del figlio di un professionista di successo a quella di chi combatte in prima linea per restare sul mercato e questo mi ha reso più forte, ma al tempo stesso mi ha lasciato un'insicurezza di fondo, come se mi mancasse sempre un pezzo per essere al top.

Sono cresciuto in fretta e ancora oggi la mia domanda guida è rimasta la stessa: "Sarò all'altezza della situazione?" Nei manuali di self-help ho letto che porsi una domanda di questo tipo è improduttivo. Meglio chiedersi "Come posso dare il meglio?" invece di "Sarò all'altezza?" Nonostante ciò, nel bene o nel male, me la cavo sempre. Per qualche strana ragione, quando mi trovo faccia a faccia con un problema, la mia mente si libera da ogni dubbio e si concentra unicamente sulla soluzione. Esco di casa e salgo in auto. La tangenziale alle 6.30 può riservare delle incognite. Potrei arrivare prestissimo, ancor prima del cliente, oppure potrei rimanere invischiato in un incidente o in qualche non ben identificato intoppo. "Calcola il margine di rischio" mi diceva sempre mio padre e aggiungeva: "Non arrivare mai in ritardo, il cliente non aspetta".

Per tutto il tragitto immagino già Giacomo Rota seduto sulla sua poltrona di pelle nera, di fronte alla scrivania di legno pregiato, su cui non possono mancare il porta penne, rigorosamente Mont Blanc, e la foto della numerosa famiglia in posa dinastica. Il computer è aperto sulla relazione finanziaria dell'ultimo trimestre che Rota legge con sguardo compiaciuto.

Giacomo ha 55 anni, capelli nero corvino con riga laterale, spessi e sempre in ordine, occhiale nero con montatura scura e rettangolare. Abbronzato, viso ovale, serafico, con qualche ruga che tradisce la fatica fatta per arrivare dove è ora ed un passato non sempre florido. La corporatura è esile, perfetta per la sua camicia bianca, sartoriale, disegnata sul corpo, la cravatta rigorosamente blu e l' abito gessato blu con scarpa Church scamosciata color tabacco. Un vero signore, come dimostra in tutto l'abbigliamento anche più casual fino allo sportivo. Nessun marchio, nulla di appariscente, ma con la qualità e la giustezza del "su misura". Lo sguardo è alto e fiero, spesso rivolto altrove, anzi, oltre. È lo sguardo di un uomo che con un po' di spavalderia e sana eccentricità è riuscito a vedere e realizzare ciò che altri non hanno visto e realizzato. Il suo pensiero è costantemente focalizzato sul BUSINESS. Il resto conta poco o nulla.

Giacomo si è fatto da solo e per questo ricalca molti degli stereotipi dei vecchi fondatori degli imperi industriali. All'età di 18 anni ha iniziato come dipendente in un negozio di riparazione e vendita di televisori, per poi passare alla vendita diretta di stampanti, fax e fotocopiatrici, con servizi di riparazione e noleggio per una nota azienda nipponica. Così, tra una spinta e qualche scelta coraggiosa (qualcuno forse direbbe azzardata), oggi è il proprietario della GRT SPA, che è l'acronimo di Giacomo Rota Technology (anche se in pochi lo sanno). L'azienda ha 40 dipendenti e pare che nel proprio settore, profondamente colpito dalla crisi, sia una delle poche realtà che non solo resistono ma espandono il proprio business.

Giacomo è una persona capace di quell'intuizione geniale che i numeri, i prospetti e le teorie razionali non riescono a spiegare. Sul campo da tennis dimostra anche la capacità di soffrire e risorgere, tipica di chi ha passato vari cicli economici, resistendo da più di 30 anni. Non manca mai di ricordare i tempi passati sottolineando tutte le difficoltà superate, ma rimarcando quanto la propria tenacia e passione gli abbiano permesso di raggiungere i risultati attuali, spinto da quella che Steve Jobs definisce "una magnifica ossessione".

Un'ossessione di ben altra natura è invece il rapporto con Massimo Petrale. Non l'ho mai incontrato, ma già lo conosco dai racconti di Giacomo ed ovviamente nella versione peggiore. L'unico elemento oggettivo che possiedo è che ricopre il ruolo di responsabile dell'area vendite della piccola distribuzione. Ultimamente Giacomo parla sempre più spesso di Petrale, come fosse la causa di qualsiasi male in azienda. Lo descrive come il classico fannullone, incapace di vedere la fortuna e le opportunità che l'azienda gli ha offerto. Mi chiedo cosa l'abbia spinto ad assumere una persona simile.

Nei pochi chilometri che mi separano dall'azienda mi preparo mentalmente per l'appuntamento. Finora ho ascoltato gli sfoghi di Giacomo nella comoda veste del compagno di tennis. Ora sono il consulente e so che in queste situazioni difficilmente esiste una ragione netta. Probabilmente il rapporto si è logorato da entrambe le parti. Entrambi hanno commesso degli errori, ma come faccio a dirlo a Giacomo? Dovrò anche dirgli che è possibile fare quello che vuole, ma che tutto ha un costo. Lui è certamente convinto di aver già speso troppo.

Sono giunto a destinazione. Ora non c'è più tempo per le mie elucubrazioni mentali. In fondo sono un professionista, ascolto il problema, analizzo gli scenari e in qualche modo troverò la parola giusta al momento giusto. L'azienda di Rota sorge in una delle tante zone industriali alle porte di Milano. L'aspetto più positivo è che qui non si perde tempo a cercar parcheggio.

Alle spalle si scorgono i palazzi specchiati, sede di centri direzionali di grandi aziende o multinazionali, ed un mega centro commerciale che accoglie i dipendenti durante le pause pranzo e risolve qualche problema di approvvigionamento la sera. La GRT SPA è qualche chilometro più avanti e spicca tra i tanti capannoni industriali che la circondano. Il magazzino è composto da blocchi di piastrelle grigio antracite. Il capannone è prolungato da un edificio poco più basso, bianco e vetrato dove sono ubicati gli uffici. Per accedere all'ingresso si passa attraverso un piccolo giardino ben curato, su un sentiero in teak. Insomma, si potrebbe quasi definire una piccola oasi "felice" nel deserto dei capannoni anonimi della grigia periferia milanese.

Arrivo alla reception dove mi accoglie una ragazza molto giovane, ben curata, con lunghi capelli neri raccolti a coda e vestita con giacca e pantalone scuri. Inizialmente non mi presta molta attenzione, indaffarata com'è a smistare alcuni moduli e ricercare le persone attraverso il centralino, ma appena pronuncio il nome di Giacomo Rota alza gli occhi di scatto, abbandona tutto quello che sta facendo e chiama prontamente la segretaria di direzione. Mentre mi prepara il badge sento la voce di Giacomo che, contrariamente alle sue abitudini, è sceso per accogliermi. Anche da questo intuisco il senso della sua urgenza.

"Ciao Edoardo come stai?"

"Bene e tu?"

"Grazie per essere venuto con così poco preavviso."

Nella mia mente si insinua una domanda: preavviso? Quale preavviso? Vabbè, per fortuna oggi doveva essere una giornata "tranquilla" da trascorrere in ufficio, una di quelle giornate destinate a recuperare tutte le voci della mia *to do list* che non ho spuntato la settimana scorsa. So già che anche questa sera uscirò tardi dall'ufficio, con la consapevolezza di non aver spuntato tutte le voci di quella maledetta lista. Giacomo non è tipo da convenevoli e giri di parole. Vi si attarda giusto il tempo di arrivare nel suo ufficio dove, una volta entrati, va subito al sodo.

"Ho bisogno di un problem solver che mi faccia perdere meno tempo possibile, ma soprattutto meno soldi. Ecco perché ho chiamato te! Credo di averti già parlato di Massimo Petrale..."

"Il venditore anarchico?"

"Proprio lui, tra tutti gli appellativi che gli ho affibbiato finora questo mi mancava. Ottimo! Vedo che hai già inquadrato il problema! Beh, ora però ha raggiunto il limite, anzi l'ha superato. Ieri l'ho mandato da un nostro cliente storico e ha sparlato dell'azienda. L'ha definita un ambiente di merda e ti lascio immaginare quali appellativi ha attribuito a me."

"Immagino, ma Giacomo, sei proprio sicuro di non enfatizzare l'accaduto?"

"Ho Carlo che testimonia! Era con lui e me lo ha detto davanti a Francesca."

"Il suo sindacalista lo giustificherebbe come un diritto di critica." Provo a fare un po' di ironia.

"Certo, ad essere eleganti definiamolo così. Ma non è finita qui. Quando è rientrato ha preso un caffè con Gianfranco, il suo "compagno di merende", al quale ha illustrato le strategie per vendere meno e guadagnare più provvigioni."

"Ah però... gran bella strategia!"

"Sì, per i loro portafogli, ma non per l'azienda che ha l'obbligo di vendere! vendere! vendere! Non devono pensare a quale prodotto permette migliori provvigioni, ma vendere tutto ed il più possibile. Invece lui pensa a raggiungere il suo stipendio ideale, con pochi sforzi e quando lo ha raggiunto, remi in barca ed aspetta l'anno successivo. Non gli basta neppure fare proseliti in azienda. Punta a rovinare la mia immagine anche all'esterno. Ogni settimana me ne combina una!"

"Immagino che abbiate prodotto dei richiami e delle contestazioni per iscritto…"

"Ah sì, è vero. "Bisogna "fare carta", me lo ripete anche il mio consulente del lavoro."

"Beh carta, sì in un certo senso…"

"In realtà non ho mai fatto un richiamo scritto. Lo sai come sono fatto. Sono una persona diretta. Quello che penso lo dico in faccia e nel caso di Petrale l'ho fatto più volte anche davanti ai colleghi ma, come vedi, le sfuriate e le lavate di capo non sono servite a molto.
In ogni caso devi trovare il modo per togliermi di torno quel parassita. Se non sbaglio, a breve dovrebbero approvare il Jobs Act e quindi dovrebbe essere più semplice, o no?"

"Veramente la legge si applica esclusivamente per le nuove assunzioni, per le vecchie rimane ancora in vigore la normativa già modificata dalla "Fornero".

"Come sempre i giornalisti la raccontano alla loro maniera. Mi sembrava troppo facile. Dovevo immaginare che la fregatura era dietro l'angolo. Comunque, tornando a Petrale, ha già ricevuto due richiami formali. E, se non sbaglio, al terzo richiamo è fuori!".

"Mi spiace ma anche questo caso non è proprio così semplice. Innanzi tutto bisogna verificare cosa è stato contestato, la ripetitività di quanto contestato e soprattutto se è stata applicata la sanzione. Senza di essa la contestazione rimane fine a se stessa, o meglio, decade di ogni effetto."

"Accidenti! Non mi stai mica rassicurando! Io non voglio altri problemi, voglio soluzioni. Lo voglio fuori! Non importa come. "

"Ho capito, Giacomo. Ma solo se ho ben chiara la situazione per rappresentarti ogni possibile scenario posso veramente esserti d'aiuto."

"Mi sembri un sindacalista!"

"In effetti il mio lavoro richiede anche la capacità di assumere questa prospettiva. In fondo, però, anche questo va a tuo beneficio, perché se riesco a osservare il problema con l'occhio della controparte, riesco anche a prevedere le possibili mosse dell'avversario ed i rischi da evitare."

"Fai il tuo lavoro e dimmi tutto quello che ti serve, ma sia chiaro il concetto: "IN CASA MIA COMANDO IO!" E non ammetto che ci sia gente che spadroneggia!"

"Comprendo perfettamente la tua posizione oltre che il tuo stato d'animo. Se è effettivamente un lavativo bisogna gestire la situazione a regola d'arte. Non ci si può svegliare un giorno e decidere di rivangare tutto il passato, altrimenti preparati a spendere, perché è lì che si va generalmente a finire."

"Sì qualcosa in preventivo lo avevo messo…"

"Preferisco essere schietto e non illuderti. Io ti sarò vicino per tutta la pratica qualunque sia la tua decisione, ma ci sarà un momento nel quale dovremo valutare se sia più conveniente avere ragione e proseguire per la strada del Tribunale o proporre una transazione economica perché più conveniente. In queste situazioni le questioni di principio non sempre sono le migliori e soprattutto potrebbero non essere le soluzioni più economiche per te ".

"Ok, ma quanto mi costa?"

"Ho bisogno di conoscere lo stipendio mensile e poi posso darti un'idea della cifra più vicina ad una transazione sensata, sempre che lui voglia una cifra ragionevole".

"Ci manca solo di sborsare una cifra irragionevole per un incapace che parla pure male di me! Insomma, se vuole, che venga lui a comandare al mio posto e poi vediamo."

Sacrosante parole, ma non posso dirglielo, così cerco di spiegarmi meglio, ma Giacomo mi interrompe con una frase lapidaria:

"Insomma ho capito che separarsi da un dipendente è più difficile che divorziare dalla propria moglie".

"Beh, in parte hai ragione. In ogni caso il dipendente viene considerato dal legislatore la "parte debole" del rapporto di lavoro e per questo ha più tutele".

"Ma finiamola con questa storia della "parte debole". Con questa scusa noi imprenditori veniamo sempre penalizzati. Sai cosa ti dico? Siamo noi la vera parte debole!"

Potrei lusingarlo dicendo che ha ragione (e in fondo una parte di me lo pensa), ma credo di essere più utile a Giacomo se riesco a fargli capire cosa dice la legge, oltre che trovare la via migliore per raggiungere il risultato sperato, così proseguo spiegando che il licenziamento deve essere sorretto da valide motivazioni e che i contratti prevedono delle procedure ben specifiche, per contestare il comportamento del lavoratore con "sanzioni" progressive, che in ultima analisi giustificano il licenziamento.
Credo di averlo stordito abbastanza con la mia spiegazione e, per evitare che Giacomo rimanga ancorato al problema, cerco di spostare il focus del discorso su qualcosa che lui già conosce, ma la cosa non produce un grande effetto.

"Ho visto in bacheca tutti gli attestati delle certificazioni di qualità ottenute. Quindi la tua azienda ha già una certa dimestichezza con le procedure ed immagino ne abbiate anche per la gestione del personale…"

Dallo sguardo assente di Giacomo intuisco che sulla parola "procedura" l'ho perso ed è bene che tagli corto. Del resto lui è un imprenditore, la sua mente è focalizzata sugli obiettivi e sui risultati. I processi e le procedure li affida ad altri.
Ho anche la sensazione che, pur avendomi raccontato la verità circa il comportamento di Petrale, la questione sia molto più complessa. I recenti fatti riportati potrebbero essere solo la punta dell'iceberg di un rapporto che già da tempo non funziona. Chissà come sono andate realmente le cose? Chissà quando il rapporto ha iniziato ad incrinarsi e

soprattutto perché? Per un attimo il volume del mio dialogo interno si è alzato coprendo la voce di Giacomo, che ha iniziato ad imprecare. È meglio che ora presti attenzione alle sue parole. Non vorrei che il mio sguardo mi tradisse e lui riuscisse a leggere la mia perplessità. Capisco che mi ha già dedicato troppo tempo e si appresta a concludere:

"Comunque, per farla breve, Petrale va licenziato! E, mi raccomando, fammi spendere poco, perché per quel fannullone ho già perso abbastanza soldi. È già tanto se prende uno stipendio. Dovrebbe essere lui a risarcirmi per tutto il tempo che l'ho sopportato. Altro che rivolgersi ad un avvocato! Ah, a proposito, non te l'ho ancora detto, sempre voci di corridoio mi hanno riferito che ha già contattato un suo amico avvocato."

"Ma è possibile che in Italia tutti abbiano parenti o amici avvocati?" Penso di nuovo tra me e me.

"E deve essere anche importante, perché ha l'ufficio proprio in centro a Milano, di quelli che li paghi ad ore" sottolinea Giacomo.

"Appunto!"

"Lui ora si fa forte perché non è mai stato punito e purtroppo adesso anche altri colleghi stanno incominciando a seguirlo. Hanno formato un piccolo gruppo che si lamenta in continuazione e in tal modo rallenta la produttività generale. È il classico effetto "mela marcia". Non posso permettergli di contagiare tutti."

"Hai pensato a come cambierebbe la vita in azienda se non ci fosse più Petrale?"

Dal sorriso e dallo sguardo all'insù capisco che ora Giacomo è così

impegnato ad immaginare la nuova vita senza il "nemico" che probabilmente in questo momento neppure un costo di dodici mensilità incontrerebbe la sua ostilità. Dopo aver pregustato l'idillio per qualche secondo, Giacomo aggiunge: "Adesso ti affido a Francesca, la mia segretaria. Lei ti fornirà tutta la documentazione che desideri. Edoardo, pensaci bene e poi dimmi come fare. Scegli tu la motivazione del licenziamento, ma entro settimana prossima va definita questa storia."
Mentre mi accompagna verso l'ufficio di Francesca:

"Ah dimenticavo, vuoi un caffè?"

"No grazie, è come se lo avessi preso." ("E anche ben shakerato" vorrei aggiungere).

"Perfetto. Buon lavoro!"

Giacomo Rota ritorna ai suoi pensieri di lavoro. Ora che ha delegato la pratica si sente più tranquillo e già pregusta la situazione idilliaca prima accarezzata: il dipendente licenziato, foto di gruppo a Natale con i dipendenti felici, lui al centro con sorriso a 32 denti e l'attività che prosegue su trend sempre più positivi. Lo si intuisce dal passo, tornato nuovamente rapido e deciso, con cui si reca nel suo ufficio e dall'occhio sul cellulare, a cercare il numero di qualche cliente o responsabile per proseguire gli affari.

Come in una staffetta che si rispetti arriva Francesca, una donna sulla cinquantina, alta poco più di un metro e sessanta, dalla corporatura esile e longilinea. È in tutto e per tutto proporzionata. L'unica cosa in cui eccede (in senso positivo naturalmente) è il grande sorriso serafico ed accogliente che offre a chiunque le stia accanto. Ha i capelli biondi, forse tinti a nascondere il bianco dell'età, corti, con la riga in mezzo. Nella parte posteriore spuntano dei riccioli all'insù che le incorniciano il viso con un tocco di dolcezza. Indossa una camicia bianca, sotto un maglione girocollo nero, con i polsini ed il colletto in vista a far da contrasto, gonna a sfiorare il ginocchio, rigorosamente in tinta con il maglione, un solo punto luce come gioiello e nulla più. Credo che il tutto sia studiato per evitare ogni tentazione, anche se in realtà non sa quanto l'immagine la renda femminile e, al tempo stesso, bella. Non è lo stereotipo della segretaria di direzione che fa da filtro e dirige il traffico delle comunicazioni in azienda con la stessa severità di un vigile. Francesca ha una bellezza differente. La differenza la fa lo sguardo profondo e tenero dei suoi occhioni azzurri, il suo sorriso sempre presente e rassicurante, la sua gestualità accogliente: è la bellezza di una mamma, il punto più alto della femminilità.

Sono convinto che Giacomo la voglia al suo fianco anche per questo, non solo per sua preparazione e la dedizione al lavoro, ma anche per la capacità di ascolto e consiglio che può dare.

Francesca appartiene a quella tipologia (ormai sempre più rara) di persone che considerano il lavoro un dovere prima che un diritto. Pur essendo anagraficamente più giovane, sembra appartenere a quella generazione, anni 50 primi anni 60, per la quale vale il principio: "Va bene tutto purché si lavori e quello che dice il capo non si discute mai!" Lo statuto dei lavoratori ed i diritti arrivano poco dopo. I sindacati per le persone di quella generazione sono solo dei perditempo inutili e facinorosi. Non voglio dire che "era meglio prima", ma solo che esisteva una mentalità dedita al lavoro e che ruotava interamente intorno a questo, probabilmente soffocando personali bisogni, passioni ed hobby in favore dell'onore e del fare socialmente qualcosa anche se non piaceva. Ora la mentalità è cambiata, ma quella di Francesca no.

Francesca si prende "cura di Giacomo", dal caffè d'orzo ben caldo la mattina alla gestione della corrispondenza e dell'agenda fino ai consigli su questioni banali come i regali di Natale o questioni più strategiche che riguardano fornitori, clienti o il personale. Conosce tutti gli altarini di Rota e dell'azienda. È sempre sorridente. Si vede subito che è nata per quel lavoro. Mentre mi prepara la documentazione, si compiace di come sia ordinata e ben archiviata. È felice quando i conteggi quadrano ed è eccitata dall'idea di poter aiutare il proprio capo, fornendo le prove che possono inchiodare Petrale. Interpreta a meraviglia il ruolo di Watson ed io la osservo in silenzio per non rovinare il quadretto, pur sapendo che gran parte delle chilometriche e-mail stampate in realtà serviranno a poco.

Nella documentazione raccolta da Francesca trovo anche l'inizio di questa triste storia: un ritaglio di giornale con l'annuncio di ricerca di personale.

Siamo alla ricerca di un AREA MANAGER ITALIA ELET-TRONICA DI CONSUMO, che abbia maturato una solida esperienza nella posizione e nel settore di riferimento. In particolare il candidato dovrà occuparsi di sviluppare la rete commerciale per gestire la Piccolae Distribuzione.
Si richiede: Esperienza di coordinamento di forze commerciali a livello italiano e gestione di budget commerciali.
Disponibilità a viaggi e trasferte frequenti sul territorio nazionale.

C'è anche il curriculum di Petrale, che è all'altezza dell'annuncio: un semplice elenco di nomi e mansioni incasellate nell'odioso formato europeo.
Nell'ordinata cartella rinvengo anche il primo contratto di Petrale, un contratto a progetto di cui Giacomo non mi ha parlato, perché credo sappia che gli può creare qualche problema, dal momento che dopo tre contratti consecutivi è avvenuta l'assunzione come dipendente.
Leggo nella prima pagina il progetto ed il mio dubbio è confermato.
Sebbene nel contratto il progetto sia ben articolato, non corrisponde

all'attività svolta da Petrale.

Non è la prima volta che mi imbatto in situazioni simili. Prima il datore di lavoro prova il lavoratore con questa forma contrattuale che lo fa risparmiare e che sembra dargli la speranza che non sia per sempre, al contrario di come viene vissuto il contratto a tempo indeterminato.

Passandomi la documentazione, Francesca non manca di farmi notare come ancora oggi Petrale ricopra una carica di responsabile senza avere alcun merito e inizia a raccontare il primo incontro tra Giacomo Rota e Massimo Petrale:

"Mi ricordo ancora quando abbiamo fatto il colloquio. Si è presentato vestito di tutto punto e ben curato, con atteggiamento sicuro, anche troppo per i miei gusti. Ha precisato fin da subito che veniva dalla concorrenza, dove però non aveva trovato lo stesso orientamento all'eccellenza che vedeva nella nostra azienda. Ha saputo vendersi proprio bene con Rota. Ma non con me! C'era qualcosa in lui che non mi convinceva. Lo chiami pure sesto senso femminile…

Il dottor Rota invece lo guardava estasiato, quasi avesse riconosciuto in lui la persona ideale, il prescelto per quel lavoro. Annuiva a tutto quello che diceva Petrale e non vedeva l'ora di siglare il contratto, certo della propria scelta.

Dopo quel colloquio non ha voluto più vedere altri candidati. Non c'era certo la fila, ma due o tre alternative buone sì e, chissà, se mi avesse ascoltato quando gli proponevo di ascoltare anche gli altri e non fosse stato precipitoso come al solito, magari oggi non saremmo in questa situazione!"

Mentre ascolto le parole di Francesca, mi sembra di assistere ad un film già visto altre volte. I protagonisti sono diversi ma la trama è sempre la stessa, anche l'espressione di stupore di Francesca alla mia richiesta della job description l'ho vista altre volte.

"Job description?"

"Sì. In pratica è la descrizione di una determinata posizione lavorativa: le mansioni assegnate al titolare della posizione e talvolta anche le conoscenze, le abilità necessarie per svolgere quel lavoro e perfino il profilo caratteriale più adatto per quel lavoro e contesto. Una job description può essere molto utile in caso di licenziamento, anche se in realtà assolve meglio alla sua funzione nel momento della selezione o nella fase successiva di gestione del personale".

"Capisco. – risponde Francesca – Però qui non funziona così. I ruoli sono ormai definiti da anni. Quando uno se ne va viene sostituito da qualcuno che magari ha fatto lo stesso mestiere da un'altra parte. In ogni caso è il signor Rota che decide chi deve assumere e lui segue molto il proprio istinto."

Mi va meglio quando le chiedo l'organigramma.

"Ah di quelli ne abbiamo più di uno! Guardi dott. Crisci, sono tutti in rete. Ad esempio questo è il più recente. È quello che utilizza il dottor Rota. Alcuni nomi sono cambiati e va aggiornato, ma i ruoli sono corretti e non sono mai cambiati."

"Grazie, avete anche l'organigramma per le schede delle procedure ISO o per la privacy, sicurezza etc?"

"Sì, glieli mando tutti via e-mail, così evitiamo di stamparli ed unirli come puzzle. Va bene?"

In effetti il malloppo di documenti è già abbastanza voluminoso. Ringrazio Francesca, sicuro del fatto che appena uscirò dall'ufficio la solerte segretaria di direzione provvederà ad inviare via mail il resto della documentazione.

Uscendo scorgo il codice disciplinare affisso in bacheca. I soliti tre fogli fotocopiati dal contratto nazionale. Almeno non hanno la classica macchia del fondo di caffè!

Esco dall'azienda. Aver terminato l'incontro con Francesca dopo la veemenza di Rota ha lo stesso effetto di una doccia calda a fine giornata. Salgo in macchina con l'intenzione di distrarmi un po'ascoltando Radio Deejay. Ad un tratto Aldo Rock sembra rivolgersi proprio a me quando dice che *"Se non c'è selezione all'entrata, non c'è qualità all'uscita"*. Dovrei stamparla e regalarla a Rota come promemoria per tutti i suoi futuri colloqui.

VADEMECUM 1

In questo vademecum riprenderò alcuni degli spunti offerti da Giacomo Rota, per parlare di licenziamento in tronco, indennità di licenziamento e per sfatare il falso mito delle tre lettere diffuso tra i datori di lavoro.

"Lo voglio fuori e subito!"
Ecco la frase magica che un Consulente del Lavoro sente pronunciare spesso da un imprenditore dopo un diverbio con un dipendente o dopo un grave errore di quest'ultimo.

Tale desiderio può essere esaudito nell'unico caso di licenziamento per giusta causa, ossia quando un lavoratore ha commesso un fatto talmente grave da necessitare l'interruzione immediata del rapporto di lavoro, senza nemmeno il rispetto del preavviso. In tutti gli altri casi il licenziamento deve passare attraverso procedure disciplinari o motivazioni oggettive che riguardino l'organizzazione o la situazione economica aziendale e prevede comunque la permanenza del lavoratore in azienda nel rispetto dei termini del preavviso. [1]

L'Art. 2128 del codice civile parla chiaro.
"Ciascuno dei contraenti può recedere dal contratto di lavoro a tempo indeterminato [c.c. 1373], dando il preavviso nel termine e nei modi stabiliti [dalle norme corporative] (1), dagli usi o secondo equità ..."

Quindi si parla di contratto a tempo indeterminato, poiché il tempo determinato cessa alla naturale scadenza, ed il datore di lavoro dovrebbe poter recedere in qualunque momento nel rispetto del solo preavviso e del pagamento di tutte le indennità contrattualmente previste.

In realtà la legge 300/70, meglio nota come Statuto dei lavoratori, e la

---

1   Nel prossimo vademecum parlerò più diffusamente delle varie tipologie di licenziamento: per giusta causa, per giustificato motivo oggettivo e soggettivo.

normativa sul lavoro, comprendendo l'arbitrarietà e l'impatto sociale che potrebbe avere una simile libertà di recesso da parte del datore di lavoro, hanno stabilito la necessità di giustificare le motivazioni di un licenziamento ed introdotto delle tutele a favore della parte ritenuta più debole, i lavoratori.

"Ma quanto mi costa?"
Se un licenziamento viene eseguito con una motivazione giustificata ed adeguata, seguendo una procedura corretta, l'azienda non subisce alcun costo aggiuntivo. In Italia però mediamente solo il 30-35% dei licenziamenti individuali è dichiarato legittimo e quindi a favore dell'impresa[2]. Nei restanti casi le aziende "pagano" con la reintegra o l'indennità monetaria.
Per poter determinare il costo di un licenziamento è necessario avere due informazioni:

1. la dimensione aziendale (più o meno di 15 dipendenti)
Già con la legge 15 luglio 1966, n. 604, e con la legge 20 maggio 1970, n. 300 (Statuto dei lavoratori) si sono differenziate le tutele per i lavoratori licenziati senza valide motivazioni o senza seguire le corrette procedure in base alle dimensioni aziendali.

2. la data di assunzione del dipendente (prima o dopo il 7 marzo 2015).
In tutti i casi in cui l'assunzione sia avvenuta prima del 7 marzo 2015, ossia prima del Jobs Act, vale quanto segue.
In caso di licenziamento dichiarato nullo, si pensi al licenziamento comunicato in forma orale o il caso in cui il licenziamento sia discriminatorio, è sempre prevista la reintegra sul posto di lavoro.
Negli altri casi, se l'azienda ha meno di 15 dipendenti il licenziamento ha effetto ed il giudice non dispone la reintegra, ma solo un'indennità

---

2   Dato estratto da articolo di Flavio Tucci per "Il sole 24 ore" , febbraio 2012

economica. L'indennità è pari ad un importo variabile fra le 2,5 e le 6 mensilità per il personale assunto a tempo indeterminato prima del 7 marzo 2015 e un'indennità fissa fra le 2 e le 6 mensilità (esclusivamente in funzione dell'anzianità di servizio si conta un anno per ogni anno di servizio con minimo due) per gli assunti a tempo indeterminato dopo il 7 marzo 2015.

Nel caso in cui le aziende abbiano un organico medio, nei 6 mesi precedenti il licenziamento, superiore ai 15 dipendenti, si applica la tutela reale così definita. Per gli assunti a tempo indeterminato prima del 7 marzo 2015 c'è la reintegra oppure in caso di licenziamento illegittimo un'indennità pari ad un importo tra le 12 e le 24 mensilità, valutato dal giudice.

Per assunti dopo il 7 marzo 2015, c'è la reintegra esclusivamente se il fatto contestato non sussiste, altrimenti un'indennità pari a due mensilità per ogni anno di anzianità con un minimo di 4 ed un massimo di 24[3].

Rispetto alla legge del 70, per la quale il datore di lavoro o vinceva la causa o era costretto alla reintegra, la legge 28 giugno del 2012, n. 92, meglio conosciuta come riforma FORNERO, ha apportato delle modifiche dal punto di vista processuale per attenuare i casi di reintegra, prevedendoli solo in caso di licenziamento nullo (es. licenziamento orale o in caso di matrimonio o maternità per la dipendente) o licenziamento discriminatorio, dovuto cioè a ragioni ideologiche tipizzate negli artt. 4 legge 604/66 o 15 Statuto dei Lavoratori, attinenti al sesso, alla lingua, alla razza, alla religione, alla politica, all'iscrizione al sindacato o alla partecipazione ad uno sciopero. Per il vecchio regime esiste in realtà una quadruplicazione delle sanzioni, con l'obiettivo di minimizzare il rischio reintegra, ma rimane una forte discrezionalità del giudice, che dovrà verificare se il licenziamento intimato per giusta

---

3   Successivamente nel vademecum 4 spiegherò la procedura di proposta di conciliazione facoltativa che prevede il dimezzamento dell'indennità al dipendente a fronte di un'esenzione fiscale dell'importo.

causa o giustificato motivo debba basarsi su un fatto inconsistente o su una sanzione che il CCNL aveva previsto quale conservativa e disporre nuovamente la reintegra con l'attenuazione dell'indennità risarcitoria, ovvero "dell'effetto retroattivo del pagamento per un'indennità massima pari a 12 mensilità. Nel caso in cui il giudice non riconosca il giustificato motivo soggettivo, oggettivo o la giusta causa con esclusione di quanto riferito sopra, il risarcimento è solo economico scongiurando la reintegra. Viene dichiarato risolto il rapporto di lavoro alla data del licenziamento, con un'indennità risarcitoria pari ad una forbice tra 12 e 24 mensilità dell'ultima retribuzione globale, di fatto tenuto conto dell'anzianità di servizio, della dimensione aziendale, della situazione economica aziendale e giustificata dallo stesso giudice. Il Jobs Act, come sopra descritto, vuole eliminare anche questi casi demandati al giudice. L'esperienza ci dice che la riforma Fornero ha riscosso risultati importanti per la nuova procedura per i licenziamenti economici, ma negli altri casi non ha risolto le problematiche riguardanti la certezza del diritto ed il costo della reintegra.

Ultimo caso è il licenziamento inefficace per mancanza di motivazione, in questo caso è prevista un'indennità risarcitoria attenuata da 6 a 12 mensilità, motivando il vizio formale o di motivazione che ha reso inefficace il recesso. Il Jobs Act, con il contratto a tutele crescenti, entrato in vigore il 6 marzo 2015 (da qui la data del 7 marzo quale spartiacque fra le due tipologie risarcitorie) ha ulteriormente ridotto la discrezionalità del giudice nella scelta del risarcimento e diminuito sensibilmente le opportunità di reintegra previste dall'art. 18 Legge 300/70 (Statuto dei lavoratori).

>15 dip.

Indennità	Indennità
Da 12 – 24 mensilità	Da 4 – 24 mensilità

<15 dip.

Indennità	Indennità
Da 2,5 – 6 mensilità	Da 2 – 6 mensilità

Prima	7 marzo 2015	Dopo

Il falso mito delle tre lettere

Alcuni manager o datori di lavoro sono convinti che dopo tre lettere di richiamo si possa procedere con il licenziamento. Questo retaggio, probabilmente dovuto ad alcune procedure del passato, non ha alcun fondamento legale. Non esiste una regola ferrea che permetta di definire il numero di contestazioni per poter giustificare un licenziamento. Talora può bastare una semplice lettera, come nel caso della giusta causa, talora non è possibile procedere con il licenziamento anche dopo numerose mancanze.

Le norme di riferimento per le sanzioni disciplinari sono l'articolo 7 dello STATUTO DEI LAVORATORI (Legge 20 maggio 1970, n. 300), le norme disciplinari regolamentate dai CCNL (contratti nazionali di lavoro) applicati e dai regolamenti previsti nel codice disciplinare.

Il codice disciplinare è il documento che regolamenta i comportamenti aziendali e disciplina le procedure di contestazione delle mancanze

37

da parte dei dipendenti. Il documento deve essere affisso in un luogo accessibile e conosciuto da tutti i dipendenti. In mancanza di ciò, qualsiasi tipo di contestazione risulterebbe formalmente nulla, anche se giustificata. Ciò significa che la contestazione non produce effetto, come se non fosse mai stata scritta. La procedura, ben esemplificata nello Statuto dei lavoratori, prevede tre fasi:

1. Contestazione. La contestazione deve essere immediata. Ciò non significa che il richiamo, per essere valido, debba avvenire tassativamente lo stesso giorno in cui è accaduto il fatto, ma neppure si può lasciar passare troppo tempo. Sicuramente aspettare quasi un mese, come ho visto fare in alcune aziende, è troppo, a meno che non si debba procedere a verifiche specifiche. Non esiste un periodo preciso entro cui è necessario effettuare la contestazione. Prima si fa e meglio è. L'importante è che la contestazione sia precisa e che contenga tutte le prove a sostegno del fatto contestato. Il dipendente deve avere tutti gli strumenti per poter individuare e contestualizzare il fatto accaduto.

2. Giustificazioni del dipendente. Il dipendente ha a disposizione un periodo dalla ricezione della contestazione (fare attenzione a ciò che prescrive il CCNL per valutare se consegnarla a mano o spedirla mediante raccomandata con ricevuta di ritorno) definito dal CCNL di almeno 5 giorni. In quell'arco di tempo il dipendente può presentare le proprie giustificazioni con la possibilità di essere assistito da un rappresentante sindacale. Tre precisazioni:
- Il licenziamento e le contestazioni sono atti recettizi, ovvero hanno effetto nel momento in cui il dipendente o chi li subisce vengono a conoscenza (generalmente quando ricevono la lettera) del recesso. Cosa succede se la raccomandata non viene ritirata dal dipendente? Quando la considero ricevuta? Non esiste una regola. La giurisprudenza la considera come consegnata nel momento in cui è possibile l'attestazione della compiuta giacenza del plico presso l'uf-

ficio postale, ovvero può essere fornita anche mediante presunzioni. La presunzione di conoscenza stabilita dall'art. 1335 c.c. comporta che il mittente dia prova del fatto oggettivo dell'arrivo dell'atto recettizio all'indirizzo conosciuto del destinatario, mentre è a carico del destinatario fornire la prova contraria, ossia di non averne avuto notizia per causa a lui non imputabile. La Suprema Corte ha ritenuto che, anche in mancanza dell'avviso di ricevimento della lettera raccomandata a mezzo della quale è stato comunicato il licenziamento, la ricevuta rilasciata dall'ufficio postale costituisca prova della spedizione sulla quale può fondarsi la presunzione dell'arrivo dell'atto al destinatario e la conoscenza dello stesso ex art. 1335 c.c. (Cass. 16.1.2006, n. 758).[4]

- Se, al contrario, si decide di consegnare la contestazione a mano (posto che il CCNL lo consenta) ed il dipendente si rifiuta di ritirarla è necessario leggerla in presenza di due testimoni che sottoscrivano l'avvenuta lettura ed il rifiuto al ritiro del dipendente. Ecco un esempio di frase da usare in questi casi: il contenuto della presente lettera viene letta al dipendente sig. .... in presenza dei signori ...., responsabile HR della società ed il .... i quali attestano che il dipendente sig. .... si è rifiutato di ricevere la lettera di licenziamento.

- In questa fase il dipendente che richiede un incontro per fornire le proprie giustificazioni può farsi assistere da un rappresentante del sindacato o da un componente sindacale RSA di fiducia, ma non da un proprio legale.

3. Terminate le fasi di contestazione e giustificazione il datore di lavoro ha due strade: *accettare le giustificazioni e far cadere l'addebito oppure procedere con la sanzione.* La sanzione va valutata in base alla gravità del

---

4   Frizzera, portale Unico Lavoro.

fatto accaduto e la ricorrenza, ovvero se sono state fatte altre contestazioni simili (in questo caso si tratta di recidiva che va menzionata fin dalla lettera di contestazione). I CCNL esemplificano e guidano nella scelta delle sanzioni, che partono dalla semplice ammonizione scritta per procedere con multa, sospensione e licenziamento. Il tipo di sanzione è in funzione del numero di contestazioni già ricevute in precedenza e/o in funzione della gravità del fatto accaduto. È necessario valutare la gravità di ogni singola condotta e successivamente la ripetitività della condotta negativa per procedere a sanzioni via via più gravi fino a giungere, in ultima analisi, alla sanzione del licenziamento disciplinare. Il licenziamento per una mancanza che non si rivelerà contrattualmente grave rende il recesso illegittimo con le diverse conseguenze sopradescritte. Nel caso in cui si applichi la vecchia normativa potrebbe essere disposta la reintegra, nella nuova (Jobs Act) la reintegra è sostituita da un'indennità economica progressiva, salvo che il fatto contestato non sussista.

Il mancato rispetto della procedura e quindi delle tre fasi rende nulla qualsiasi sanzione e, di conseguenza, anche il licenziamento.

Capitolo 2

Alla ricerca di un motivo

Il viaggio di ritorno si prospetta più piacevole dell'andata. L'autostrada è ormai sgombra dal traffico dei pendolari e nella mia mente non c'è neppure più l'incognita dell'incontro con Giacomo Rota. Posso concedermi uno dei miei fantastici karaoke. Spesso, al termine di giornate faticose, la mia auto si trasforma in una piccola spiaggia di sabbia bianca, dove mi cimento in un duetto con Jack Johnson, cantautore delle Hawaii ed ex campione di surf. La mia pronuncia inglese e l'intonazione chiariscono fin da subito che si tratta di un sogno ad occhi aperti o di un incubo per chi avesse la sfortuna di sentirmi in quel momento.

Oggi però non riesco a sentire la musica che proviene dal lettore della mia auto. A nulla servirebbe alzare il volume, perché il suono dei ricordi è più alto. Per una strana associazione di idee questo nuovo incarico mi riporta alla mente la mia prima pratica di licenziamento.

Si trattava di un licenziamento collettivo in cui affiancavo mio padre.

Un'azienda edile che si occupava di grandi lavori stradali non era più in grado di proseguire la propria attività a causa di una struttura troppo grossa e costi troppo elevati non più sostenibili. Si trattava di una delle ultime roccaforti in un territorio che aveva visto negli anni la chiusura di tutte le attività produttive, un'area che già era in crisi prima ancora che la crisi entrasse in gioco per tutti. Dovevamo licenziare tutto il personale, tranne qualche dipendente che sarebbe stato affittato ad una società costituita per concludere una commessa nei dodici mesi successivi. Nel frattempo, il nuovo titolare avrebbe valutato l'opportunità di nuovi sviluppi dell'attività, con un'organizzazione più snella e gestibile.

Terminata la fase amministrativa con i sindacati[5], sottoscrivemmo l'accordo sindacale e poi le conciliazioni con i dipendenti. Ad alcuni "fortunati" fu proposto di accettare un salario più basso e di rinunciare a benefici che per più anni avrebbero ricevuto dagli ammortizzatori sociali, in cambio di un anno di lavoro e della speranza che almeno quel ramo aziendale potesse avere una storia a lieto fine.

Certo, si trattava pur sempre di un anno di lavoro in più che è meglio di niente, ma non riuscii proprio a dare questa risposta ad un ragazzo di pochi anni più anziano di me, che mi guardava come se fossi l'unica persona di cui potesse fidarsi in quel momento e mi chiedeva: "Posso rischiare? Posso accettare la proposta di una società di sconosciuti?"

Per Mario, ricordo ancora il suo nome, la paura e il senso di sconforto erano acuiti dal fatto che proprio qualche giorno prima aveva saputo che sarebbe diventato padre e l'incognita ora non riguardava più solo lui, ma un'intera famiglia.

Un figlio ha sempre il potere di amplificare le emozioni, sia quelle positive che negative.

In quel periodo mio figlio Filippo aveva tre mesi e tutte le mattine i primi pensieri e le preoccupazioni erano rivolti a lui, al suo futuro, alla possibilità di offrirgli lo stesso tenore di vita, l'opportunità di frequentare le migliori scuole, di praticare sport e di viaggiare. I dubbi e le preoccupazioni di Mario erano anche più reali e vitali dei miei.

Avrei tanto voluto rassicurare quel giovane con un "Tranquillo, andrà tutto bene", ma non riuscii a farlo. A stento riuscivo a reggere il suo sguardo.

Oggi le cose andrebbero diversamente e non perché sono diventato più freddo e distaccato, ma solo più "sgamato" e consapevole di come funzionano le cose. Non ho mai imparato, o forse non ho mai voluto imparare, la lezione di Tom Hagen nel Padrino: "Sono affari, non questioni personali". Per me è sempre qualcosa di personale. Anche

---

5   Il licenziamento collettivo deve seguire una procedura burocratica ben definita dalla legge e che coinvolge fin dall'inizio i sindacati.

nelle procedure più complesse, che spesso coinvolgono solo il sindacato, si parla di persone con ambizioni e condizioni dalle quali non
riesco mai completamente a prendere le distanze. Cercare, nei limiti
del possibile, di valutare personalmente la situazione o quantomeno
comprendere le diverse posizioni dei dipendenti è molto spesso di
aiuto per la conclusione delle trattative. Paradossalmente, nei casi in
cui mi sono imposto di gestire le cose in modo distaccato ho avuto più
difficoltà a trovare un accordo.

Ci sono storie che mi rimangono addosso sia in positivo che in negativo e quella di Mario ha lasciato un segno indelebile nella mia memoria.
Non ho più avuto sue notizie, ma sono convinto che per persone di
valore come Mario un grande rischio possa diventare un'opportunità
di crescita. Il suo valore l'ho intuito da come parlava del proprio lavoro. Mario era una di quelle persone che amano veramente il proprio
lavoro e lo fanno mettendoci l'anima, come fosse, appunto, una questione personale.

Assorto in questi ricordi sono arrivato a destinazione come se avessi
inserito il pilota automatico.

Parcheggio, salgo, accendo il portatile e verifico le e-mail. Rispondo
a quelle più urgenti e delego alcune attività a Chiara e Beatrice, i miei
angeli custodi o, come preferiscono definirsi loro, le mie raccogli guai,
dal momento che spesso delego a loro i lavori urgenti o i più noiosi e
burocratici.

Ormai è già ora di pranzo, un panino veloce al bar dell'angolo e torno
in ufficio; oggi mi aspetta il caso Rota. Un bel respiro e mi immergo
nella documentazione.

Come sempre devo procedere in senso contrario rispetto a quanto
previsto da legge, CCNL o Statuto dei lavoratori che dir si voglia, per
i quali il licenziamento è la conseguenza di una determinata situazione.

Qui il licenziamento è l'obiettivo ed io devo trovare una motivazione
che permetta di rischiare il meno possibile per attuarlo.

Mentalmente passo in rassegna le tre alternative: licenziamento per giusta causa, licenziamento per giustificato motivo oggettivo, licenziamento disciplinare, ovvero per giustificato motivo soggettivo.

Ovviamente, pur essendoci una fondata motivazione da parte di Giacomo, ma non tale da renderlo un caso scolastico, l'esito è profondamente incerto. Utilizzare una motivazione piuttosto che un'altra potrebbe comunque cambiare le sorti, non tanto da un punto di vista economico quanto dal punto di vista della possibilità che il Giudice deliberi la reintegra, la cosa di cui gli imprenditori hanno più paura. Non oso neppure immaginare la reazione di Giacomo dinanzi ad una sentenza di reintegra del "venditore anarchico". Per un imprenditore di quel tipo è più accettabile perdere qualche soldo che la faccia.

Devo assolutamente avere chiara la situazione prima di incontrare Giacomo e dovrò spiegare in modo semplice ma esaustivo la soluzione da adottare, compresi i rischi che il licenziamento può comportare. È necessario prevedere tutte le alternative, le soluzioni ed i rischi: dai più favorevoli fino al disaster recovery che, in questo caso, può corrispondere a 24 mensilità o, peggio ancora, la reintegra.

Come dice Gianni Clerici *"I match si vincono dentro di noi. Vanno immaginati, costruiti in ogni dettaglio, quasi fossero i cartoni di un affresco, sul campo poi bisogna essere svelti a mettere i colori."*

La mole di documenti prodotti da Francesca è davvero notevole. Sorrido pensando alla solerte assistente che si bea della propria organizzazione e precisione.

Procediamo per esclusione.

Non è un caso da licenziamento per giusta causa perché, checché ne pensi Giacomo, non esiste alcun fatto così grave nella condotta di Petrale da giustificare un licenziamento in tronco.

Escluderei anche il licenziamento disciplinare, perché non è stata applicata la giusta procedura, né i fatti contestati hanno una rilevanza significativa.

Resta il giustificato motivo oggettivo. Se riesco a trovare una prova che lo giustifichi il gioco è fatto.

Vediamo un po' i bilanci.

Un dato interessante: dall'analisi dei bilanci sembrerebbe che gli indici suddivisi per reparto ed il prospetto vendite per settore siano inferiori ai costi sostenuti, tanto che sono confermati da ben tre anni di perdite costanti e continue proprio nel settore del "venditore anarchico", al contrario della crescita aziendale complessiva.

Intanto Giacomo ha riorganizzato l'intera business unit sostituendo agli agenti di vendita esterni un call-center interno. Del resto, la crisi e le nuove tecnologie hanno cambiato radicalmente la piccola distribuzione. Oggi negozi che lavorano in autonomia sono sempre meno ed anche quelli che riescono a sopravvivere al mercato della grande distribuzione si organizzano per poter sfruttare una migliore posizione contrattuale. In molti casi si è passati dalla vendita diretta con il titolare del negozio attraverso visite periodiche, alla vendita mediante call-center o sistemi informatici.

La conseguenza più evidente della riorganizzazione attuata da Giacomo è che la funzione di raccordo fra azienda ed agenti non è più necessaria, quindi la funzione del "venditore anarchico" è ormai superflua. (Continuo a chiamarlo "il venditore anarchico" perché lo conosco solo dalle parole di Rota. Devo iniziare a chiamarlo con il suo nome e cognome se voglio avere un approccio oggettivo.) Probabilmente in questa nuova realtà servirebbe una figura completamente diversa, servirebbe un responsabile di call center che ha certamente un profilo professionale ben diverso da quello di Petrale.

Ecco un elemento oggettivo su cui posso lavorare!

Certo che, se non fosse trascorso tanto tempo, avremmo potuto risolvere la questione in modo diverso e la matassa non si sarebbe ingarbugliata al punto da rendere inevitabile tagliare un filo per sbrogliarla.

Un vero peccato!

Preparo la documentazione per spiegare il licenziamento per giustificato motivo oggettivo.

Inizia l'ingaggio tra le parti.

Ore 17.00

Lo schermo del cellulare si illumina e notifica: "Approvato il #Jobsact! In attesa dei decreti attuativi." Ecco il Tweet che in molti aspettavamo ormai da tempo.

Cerco conferma sulle pagine dei notiziari online. La notizia è corretta. Sul sito del quotidiano La Stampa leggo:

"Oggi 4 dicembre 2014 è stato approvato il Jobs Act. Il Senato approva il Jobs Act, ora è legge. Abolito l'articolo 18, addio Co.co.co e più tutele ai giovani. Il provvedimento prevede il superamento dei contratti atipici, modifiche alla Cigs e al trattamento di disoccupazione. Ma restano ancora nodi da sciogliere: le regole varranno anche per gli statali? Quanti precari verranno eliminati?"

Stampo l'articolo e lo metto sulla tastiera. Da domani sarà uno dei principali temi da approfondire. Molti imprenditori nutrono grandi speranze nei confronti di questa normativa e spero tanto che non vengano deluse. Ma oggi sono stanco di parlare di licenziamenti. Come Peter Parker svesto i panni da lavoro per trasformarmi nel mio super eroe preferito: il runner!

Al primo tratto di strada, nella mia mente risuona una frase letta nella community Runlovers di facebook:

"È semplicemente stupendo come nell'affanno e nella fatica della corsa tutto diventa perfettamente chiaro".

Sarà una profezia o un augurio?

VADEMECUM 2

Quello rievocato da Edoardo Crisci all'inizio del capitolo è un caso di licenziamento collettivo. Vediamo in breve in cosa consiste, prima di passare alle tipologie di licenziamento individuale che riguardano più strettamente la storia di Rota e Petrale. Sebbene in questo caso si applichi la vecchia normativa (ex Legge Fornero) vedremo anche cosa è cambiato con il Jobs Act.

Al termine di questo vademecum ho anche presentato in estrema sintesi gli elementi chiave del Jobs Act.

Licenziamento collettivo

Il licenziamento collettivo è normato dalla legge 223/91ed altre normative e si applica nel momento in cui un'azienda decide di licenziare almeno 5 lavoratori nell'arco di 120 giorni. In estrema sintesi si tratta di un licenziamento economico, quindi un licenziamento che può avere come motivazione una ristrutturazione aziendale, una riorganizzazione, la chiusura di un reparto, la chiusura totale o l'affitto d'azienda. Quindi alla base c'è una situazione particolarmente critica e un disagio per la società.

Prima di procedere al licenziamento la legge obbliga l'azienda ad un confronto con i sindacati. Questi effettuano un controllo per evitare che le motivazioni del licenziamento siano fittizie e strumentali ed il vero obiettivo sia solo operare uno "snellimento" aziendale o, peggio ancora, eliminare qualche "indesiderato". Con il sindacato si analizzano anche le possibili misure alternative al licenziamento, anche solo temporanee, come ad esempio casse integrazioni, contratti di solidarietà etc.

La legge, al fine di garantire una scelta oggettiva ed imparziale dei lavoratori da licenziare, ha definito criteri derogabili solo con accordo sindacale. Tali criteri sono i carichi familiari, l'anzianità di servizio del dipendente e le esigenze tecnico-produttive. Nessun criterio è

prioritario, devono essere valutati congiuntamente.
Vanno infine rispettate tempistiche precise che si possono riassumere come segue:

1. Invio della lettera di apertura della procedura con convocazione dei sindacati firmatari del CCNL applicato o, in mancanza, delle sigle più rappresentative a livello nazionale.
2. 7 giorni per ricevere la risposta dai sindacati ed iniziare la fase "amministrativa".
3. La fase amministrativa è la fase di consultazione sindacale nella quale si analizza la situazione, si cercano alternative ai licenziamenti e si cerca un accordo sindacale. La durata massima è di 40 giorni (dimezzati per licenziamenti inferiori alle 9 unità).
4. In caso di mancato accordo, è necessario chiedere un'ulteriore convocazione in sede DTL affinché anche le istituzioni provino a trovare un accordo. Durata massima 30 giorni (dimezzati per licenziamenti inferiori alle 9 unità). Ultimata anche questa ulteriore fase è possibile per l'azienda procedere ai licenziamenti.

Il licenziamento individuale
Il caso prospettato da Rota è un licenziamento individuale che, secondo la giurisprudenza italiana, può avvenire per due motivi:
1. per giusta causa
2. per giustificato motivo che può essere, a sua volta, oggettivo o soggettivo.

1. **Il licenziamento per giusta causa** si ha nel caso di un inadempimento del lavoratore talmente grave da far cadere il legame di fiducia su cui si fonda il rapporto tra il datore di lavoro ed il lavoratore. La condotta di quest'ultimo deve essere talmente grave che sia chiara ed evidente la perdita di fiducia da parte del datore di lavoro nei suoi confronti. Il licenziamento per giusta causa costituisce l'ipotesi estrema di licenziamento alla quale è legittimo fare ricorso solo, come suggerisce la legge, quale "extrema ratio": quando, cioè, nessun altro rimedio tu-

telerebbe adeguatamente gli interessi del datore di lavoro. Il riferimento è in particolare all'articolo 3 della 604/1966 e l'articolo 1455 c.c. che legittima la risoluzione.

La giusta causa si ha, ad esempio, nel caso di violenza nei confronti del datore di lavoro, di colleghi e/o di superiori, furto di denaro e/o di beni aziendali, rivelazione di informazioni riservate dell'azienda che possono compromettere il rapporto con clienti e fornitori. Tutti comportamenti dannosi o potenzialmente tali per l'azienda o le persone che vi operano. Per questo il rapporto di lavoro non può proseguire neppure per un giorno in più. Non è previsto il preavviso. Si definisce questo tipo di licenziamento: "licenziamento in tronco".

Altri esempi di giusta causa possono essere l'assenza ingiustificata del dipendente oltre i termini contrattuali, lo svolgimento di attività lavorativa da parte del dipendente durante la cassa integrazione, il rifiuto del trasferimento in altra sede o di cambiare mansioni o di essere adibito ad altre mansioni, purché queste siano equivalenti e non dequalificanti. Si tratta di casi limite che possono essere "trasformati" dal giudice in licenziamenti per giustificato motivo oggettivo.

A livello aziendale è possibile stipulare accordi sindacali che forniscano ulteriori cause esemplificative di questo tipo di licenziamento.

L'orientamento della giurisprudenza insiste sul fatto che l'esistenza della giusta causa debba intervenire negli elementi essenziali del rapporto di lavoro ed in particolare del vincolo fiduciario che soggiace al contratto di lavoro. La lesione della fiducia dovrebbe essere rapportata e parametrata al tipo di attività che svolge il dipendente. Deve infatti ricoprire una posizione che giustifichi il fatto che il suo comportamento potrebbe essere dannoso per l'azienda se il suo rapporto di lavoro si protraesse anche solo per un giorno. È proprio questo ciò di cui deve tener conto il giudice, oltre a verificare l'effettiva gravità del comportamento del lavoratore.

I CCNL in genere contengono esemplificazioni di comportamenti che regolano il recesso per giusta causa e la Legge Fornero ha indicato le tipizzazioni contrattuali come fonte di esempio al quale i giudici debbono attenersi per evitare il rischio di posizioni soggettive e una variabilità delle sentenze pro o contro il datore di lavoro. Nonostante ciò, questa tipologia di licenziamento è comunque soggetta ad un giudizio da parte del giudice, che può valutare e decidere circa la sussistenza della giusta causa di licenziamento. È utile precisare che il giudizio di non legittimità della giusta causa non significa in automatico che anche il licenziamento sia illegittimo. Il giudice lo può "legittimare" come licenziamento per giustificato motivo soggettivo con pagamento dell'indennità di preavviso non lavorato, altrimenti non dovuta.

2. **Il licenziamento per giustificato motivo soggettivo**, detto anche licenziamento disciplinare, può essere visto come una versione soft del licenziamento per giusta causa. Anche in questo caso la legge fa riferimento alla lesione del rapporto fiduciario tra le parti. La differenza con la giusta causa è ben argomentata dalla sentenza di cassazione del 27 marzo 1998, n. 3270, con una differenza di intensità della condotta contestata. Mentre infatti la giusta causa riguarda un comportamento anche extra-aziendale talmente grave da non consentire nemmeno provvisoriamente la prosecuzione del rapporto di lavoro, il giustificato motivo soggettivo corrisponde ad un notevole inadempimento degli obblighi contrattuali del lavoratore, quindi esclusivamente lavorativi, magari anche ripetuti nel tempo, cioè comportamenti che, presi singolarmente, non giustificano il licenziamento, ma che sommati e contestati di volta in volta (si definisce questa ripetitività come recidiva) possano giustificarne il licenziamento. In questo caso il datore di lavoro deve darne regolare preavviso.

I Contratti prevedono un preciso excursus di azioni che portano al licenziamento: una serie di contestazioni e sanzioni fino alla sospensione.

Nel capitolo precedente abbiamo già visto che uno degli errori più tipici è pensare che basti una serie di contestazioni scritte senza sanzione per procedere poi con il licenziamento.

Per inquadrarlo come licenziamento per giustificato motivo soggettivo, il giudice deve valutare la gravità della mancanza contestata e la sanzione erogata in funzione anche di quanto previsto dal CCNL.

Spesso la condotta sanzionata è la somma di più sanzioni comminate a seguito di una recidiva nel comportamento, così che un singolo comportamento, che da solo non potrebbe giustificare il licenziamento, riceve sanzioni sempre maggiori man mano che si ripete, fino al recesso. I CCNL prevedono quali differenti sanzioni applicare e cercano di guidare il datore di lavoro nella valutazione della gravità delle condotte del lavoratore e della corretta sanzione.

Per i licenziamenti di persone assunte prima del Jobs Act, il mancato rispetto delle indicazioni dei CCNL potrebbe anche condannare alla reintegra del lavoratore.

La valutazione di un danno deve essere fatta anche in funzione della sua reale entità nella situazione specifica. Ad esempio, un furto di qualche euro, per quanto sia una condotta riprovevole, può anche non essere considerato un motivo di licenziamento, a differenza del furto di una somma maggiore di denaro o una consistente quantità di materiale o prodotto.

Un esempio di giustificato motivo soggettivo potrebbe essere l'abbandono del posto di lavoro, la grave insubordinazione, il rifiuto nell'eseguire determinate prestazioni di lavoro, scarso rendimento, violazione dei doveri di diligenza, riservatezza e obbedienza , violazione del dovere di fedeltà.

Lo scarso rendimento è una delle mancanze che possono dar luogo ad un giustificato motivo soggettivo e si può definire come il risultato di cattiva, bassa quantità e/o qualità della prestazione resa dal dipendente. Il rendimento costituisce un vero e proprio dovere per il lavoratore che nel rapporto di lavoro subordinato, pur non essendo tenuto al raggiungimento di un risultato, deve però svolgere le proprie mansioni con energie lavorative medie sufficienti a giustificare un rendimento accettabile (cass. 8973/1991).

La Corte di Cassazione in questo caso ha elaborato una serie di criteri da utilizzare in sede giudiziale e per riconoscere la sussistenza del giustificato motivo soggettivo in caso di scarso rendimento. Non è semplice una contestazione di questo tipo, soprattutto quando l'attività è difficilmente misurabile. Il giudice è chiamato a valutare il contesto in cui lavora il dipendente e l'effettivo scarso rendimento che deve essere certamente sproporzionato rispetto alla media prevista. Inoltre è necessario valutare anche le condizioni del lavoratore per comprendere se il lavoratore è potenzialmente in grado di rispettare un rendimento medio oppure no. Per essere giustificato, lo scarso rendimento deve essere accompagnato dal dolo o, quanto meno, deve essere imputabile a titolo di colpa, perché commesso in violazione delle regole di prudenza e diligenza cui ogni comportamento umano deve conformarsi. La Cassazione /1421/1996 ha più volte ribadito che se il datore di lavoro intende far valere lo scarso rendimento quale motivo di licenziamento non può limitarsi a provare il mancato raggiungimento del risultato atteso e la sua legittima esigibilità, ma deve anche dimostrare un notevole inadempimento da parte del prestatore agli obblighi contrattuali. Tale inadempimento deve essere valutato anche alla luce degli aspetti concreti del fatto addebitato, tra cui il grado di diligenza richiesto dalla prestazione, quello usato dal lavoratore, nonché l'incidenza dell'organizzazione dell'impresa, dei fattori socio ambientali. Un altro esempio di giustificato motivo soggettivo potrebbe essere lo svolgimento di un lavoro presso un'altra azienda nel periodo di assenza per malattia. In questo caso va comunque valutato il tipo di malattia ed il livello di somiglianza dell'attività svolta durante il periodo di assenza con l'attività sospesa. Perché si possa parlare di giustificato motivo soggettivo, deve verificarsi una lesione da parte del dipendente della violazione dei doveri generali di correttezza e buona fede e degli specifici obblighi contrattuali di diligenza e fedeltà.

Recenti cassazioni hanno poi introdotto il concetto di scarsa diligenza qualora il dipendente, nello svolgimento di altra attività lavorativa o di attività ludiche, pregiudichi la tempistica e/o la corretta guarigione, poiché uno dei principi fondamentali della diligenza lavorativa è quella di mettere a disposizione le proprie energie psicofisiche e pertanto è obbligo del lavoratore fare di tutto perché la malattia abbia il decorso più breve possibile. È il caso abbastanza frequente di lavoratori che anche in malattia non riescono proprio a rinunciare alla partitella a calcetto.

A tal proposito alcune aziende si avvalgono perfino di investigatori per provare la responsabilità del dipendente nel rallentamento dei tempi di guarigione.

Sia l'intimazione del licenziamento sia la comunicazione dei relativi motivi devono avvenire per iscritto. Di conseguenza l'eventuale intimazione espressa mediante altra forma è nulla. Secondo l'art. 1335 cc il datore di lavoro è tenuto ad inviare l'intimazione di licenziamento all'indirizzo del lavoratore. Per indirizzo si intende il luogo più idoneo per la ricezione, che corrisponde alla dimora o domicilio o luogo di esercizio dell'attività lavorativa.

In questo caso il datore di lavoro deve dare un preavviso lavorato pari ai giorni previsti dalla contrattazione collettiva nazionale applicata o, in sostituzione, se non vuole più collaborare con il dipendente, può erogare l'indennità corrispondente al periodo di preavviso previsto.

Per procedere ad un licenziamento per giustificato motivo soggettivo, è utile avere un buon regolamento ed è obbligatorio che il codice disciplinare sia affisso in bacheca in un luogo accessibile e conosciuto da tutti i lavoratori. Come abbiamo già visto, regole ben chiare e definite, oltre alle procedure ed alle job description, possono "facilitare" ed orientare la valutazione del giudice.

Nella mia esperienza ho capito che il cosiddetto "buon senso" può avere parecchie sfumature.

L'ultima tipologia di licenziamento è quella per **giustificato motivo oggettivo,** che non è dovuta ad un inadempimento del lavoratore, ma ad esigenze tecniche ed economiche dell'azienda.

L'articolo 3 della legge 15 luglio 1966, n. 604, parla di licenziamento per giustificato motivo oggettivo quando il lavoratore è licenziato per motivazioni non inerenti la persona ed il suo comportamento, ma per ragioni inerenti l'attività produttiva, l'organizzazione del lavoro ed il regolare funzionamento di essa. La norma, quindi, nel rispetto del principio costituzionale dell'art. 41, relativo alla libertà imprenditoriale nell'esercizio dell'iniziativa economica, prevede che il datore di lavoro possa licenziare il dipendente in base ad una valutazione puramente produttiva che non coinvolge minimamente la sua professionalità. In particolare la dottrina e la giurisprudenza affermano che il giustificato motivo oggettivo si ha quando l'andamento negativo della produzione, nuovi assetti organizzativi aziendali, modifiche tecniche importanti, rendono necessaria la soppressione di una posizione (o più di una) ed il lavoratore che ricopre quella posizione non può essere reimpiegato in altre attività di pari livello.

In base al numero di lavoratori coinvolti nella procedura di licenziamento si avrà un licenziamento individuale se questo è rivolto ad un solo lavoratore dipendente, plurimo se coinvolge da due a quattro dipendenti nell'arco di 120 giorni e collettivo se coinvolge cinque o più dipendenti.

Per le aziende del settore industriale con più di 15 dipendenti ed altri casi previsti dalla legge, il licenziamento collettivo garantisce maggiori tutele per i soggetti licenziati, grazie al contributo di mobilità (attualmente in vigore fino al 2017), più vantaggioso rispetto al contributo di disoccupazione Aspi, sia in termini di garanzia temporale che di copertura contributiva.

Il licenziamento per giustificato motivo oggettivo è frutto di una valutazione effettuata su una singola attività o nell'ambito di una riorganizzazione aziendale, che ha come risultato l'individuazione di un esubero di personale limitato o la scelta di eliminare una mansione o posizione lavorativa. Tale scelta non riguarda un dipendente specifico, ma la posizione che lo stesso ricopre e nel caso di esubero con più dipendenti occupati in mansioni identiche la valutazione deve essere fatta in base a criteri oggettivi.

Il licenziamento per GMO (giustificato motivo oggettivo) è legittimo se il datore di lavoro opera un riassetto organizzativo effettivo e non pretestuoso (Cass. 7 aprile 2010 n. 8237; Cass. 22 agosto 2007 n. 17887), fondato su circostanze realmente esistenti al momento della comunicazione del recesso e non riguardante circostanze future ed eventuali (Cass. 22 aprile 2000 n. 5301). È legittimo il licenziamento giustificato da una riorganizzazione aziendale finalizzata ad una più economica gestione dell'impresa, anche se il riassetto sopravviene nel corso o al termine del periodo di preavviso (Cass. 24 febbraio 2005 n. 3848).

· Il licenziamento per GMO è legittimo se, nella valutazione della nuova riorganizzazione, il datore di lavoro valuta posizioni lavorative in esubero e dunque decide di sopprimerle oppure perché la riorganizzazione non ne prevede più l'utilità economica, o vi sia un nesso causale fra la motivazione economica e la posizione da sopprimere (c.d. nesso causale: Cass. 4 marzo 1993 n. 2595).

Le ragioni devono essere giustificate da situazioni aziendali sfavorevoli che incidano sulla normale attività produttiva tali da minare gli equilibri economici dell'impresa, oppure debba prevedersi una riorganizzazione o ristrutturazione che comprenda importanti innovazioni normative, un risparmio considerevole di costi o importante incremento dei profitti non direttamente correlato con il costo del singolo dipendente licenziato.

Diversamente da quanto previsto dal licenziamento collettivo, nel licenziamento per GMO il destinatario deve essere identificato con la posizione che verrà soppressa. Se non è possibile identificare una posizione ben precisa del lavoratore, ma per la medesima mansione ci sono più lavoratori, la scelta di chi licenziare deve essere effettuata mediante criteri oggettivi, per evitare comportamenti discriminatori.

In questo caso è possibile, ma non obbligatorio, utilizzare i criteri previsti per il licenziamento collettivo (mansioni, anzianità aziendale, carichi familiari – senza che vi sia un gerarchia fra i tre criteri, ma attraverso una valutazione complessiva).

Un problema, nei casi di soppressione del posto di lavoro, potrebbe esserci qualora le mansioni vengano in realtà redistribuite ed attribuite ad altri lavoratori o agli amministratori della società. In questo caso la giurisprudenza è giunta a due orientamenti opposti: il prevalente che non richiede l'eliminazione completa di tutte le mansioni svolte dal lavoratore, potendole ripartire e redistribuire ad altri lavoratori; altro orientamento invece ritiene illegittimo il disimpegno delle mansioni e la soppressione del posto di lavoro se conseguente a semplice riduzione dell'attività aziendale, con la conseguenza che tali attività siano caricate su altri lavoratori.

La fase più critica per il datore di lavoro è quella del "repechage", ossia quando il datore di lavoro deve verificare se esiste la possibilità di ricollocare il lavoratore in mansioni analoghe a quelle da lui svolte fino a quel momento, o se esistano opportunità lavorative presso fornitori o clienti. È possibile, in ultima analisi, proporre un reimpiego del lavoratore in mansioni inferiori rientranti nel suo bagaglio professionale e compatibili con l'assetto organizzativo aziendale (Cass. 1° luglio 2011 n. 14517). Tale obbligo di repechage va riferito limitatamente alle attitudini ed alla formazione di cui il lavoratore è dotato al momento del licenziamento. Per attuare il repechage, il datore di lavoro non è obbligato a spostare o cambiare mansione ad un altro lavoratore, né deve inventarsi nuove posizioni aziendali se non funzionali ed utili alla nuova organizzazione.

In caso di giudizio, il datore di lavoro deve provare che non esistono possibilità di repechage. Nel caso in cui il lavoratore prenda posizione in merito alla prova del mancato repechage deve indicare in maniera specifica quali siano concretamente le eventuali posizioni lavorative alternative in cui egli potrebbe essere utilmente collocato. Ciò non determina in alcun modo l'inversione dell'onere della prova, bensì un semplice dovere di collaborazione del lavoratore nell'accertamento di un possibile repechage.

Si ha licenziamento per GMO anche nei casi di superamento del periodo di comporto per malattia, per impossibilità sopravvenuta della prestazione. Il periodo di comporto è composto dal numero di giorni di assenza di un lavoratore in malattia. Sono indicati dal contratto applicato ed al superamento di questi il lavoratore è licenziabile. Al dipendente licenziato spetta il preavviso lavorato o la relativa indennità sostitutiva.

Nel caso in cui l'azienda occupi più di 15 dipendenti, la Legge Fornero ha previsto una nuova procedura preventiva alla stessa lettera di licenziamento. Prima di licenziare il dipendente, il datore di lavoro deve inoltrare richiesta di incontro alla DTL competente, convocando anche il dipendente.

La Direzione Territoriale del Lavoro ha l'onere di convocare le parti dinanzi alla sottocommissione competente entro 7 giorni dalla ricezione della comunicazione datoriale. La Commissione territoriale è composta da rappresentanti delle associazioni dei datori di lavoro e dei sindacati maggiormente rappresentative a livello territoriale. Le sottocommissioni, che nella prassi si occupano dello svolgimento della conciliazione, sono composte da un rappresentante di parte datoriale, uno di parte sindacale, ed un funzionario della D.T.L.

Qualora, invece, le parti non si presentino senza giustificato motivo, si procede alla redazione di un verbale. Il datore di lavoro ed il lavoratore hanno la facoltà di farsi rappresentare dalle associazioni di categoria a cui sono iscritti o a cui hanno concesso mandato, ovvero da un avvocato, da un consulente del lavoro, o da un componente delle R.S.A. e delle R.S.U..

L'intera procedura deve compiersi entro venti giorni dalla data di convocazione dell'incontro. Il termine può essere superato, anche su richiesta della commissione, esclusivamente dove sia necessario a raggiungere un accordo.

Qualora le parti non raggiungano un accordo, il datore di lavoro può procedere al licenziamento del lavoratore, previa redazione di un apposito verbale di mancata conciliazione. Parimenti, l'imprenditore può interrompere il rapporto di lavoro, dopo che siano trascorsi sette giorni dalla ricezione della propria richiesta di incontro da parte della D.T.L. e quest'ultima non abbia provveduto a convocare le parti interessate.

Il giudice deve valutare il comportamento complessivo delle parti, desumibile anche dal verbale di mancata conciliazione, e con tale valutazione riproporzionare l'eventuale indennità risarcitoria.

Il licenziamento intimato al termine della procedura ha effetto dal giorno in cui il procedimento è stato avviato. Con i decreti attuativi del Jobs Act verrà eliminata tale procedura per i nuovi assunti, ovvero per tutti gli assunti dopo il gennaio 2015, sostituita dal tentativo di conciliazione facoltativa. La procedura rimarrà in vigore per chi è già assunto alla data del 31.12.2014.

Se il licenziamento viene dichiarato illegittimo, la reintegra è prevista qualora non sussista la motivazione economica del licenziamento, in tutti gli altri casi è prevista la sola indennità economica tra le 12 e le 24 mensilità, in funzione dell'anzianità di servizio. Per i dipendenti soggetti a Jobs Act non esisterà la reintegra, ma la sola indennità in ragione di due mensilità per ogni anno di servizio, con un minimo di quattro mensilità fino ad un massimo di 24 mensilità.

Schema licenziamenti

LICENZIAMENTO INDIVIDUALE

LICENZIAMENTO NULLO, ORALE O DISCRIMINATORIO

Conseguenze

La reintegra del lavoratore nel posto di lavoro.

Il risarcimento del danno, non inferiore alle 5 mensilità, sulla base di un'indennità commisurata all'ultima retribuzione Tfr, corrispondente al periodo dal giorno del licenziamento sino a quello dell'effettiva reintegrazione, dedotto quanto percepito nel periodo di estromissione, per lo svolgimento di altre attività lavorative.

Contributi	Il datore di lavoro è condannato per il medesimo periodo, al **versamento** dei contributi previdenziali e assistenziali.

Indennità sostitutiva

Al lavoratore è data la **facoltà** di chiedere al datore di lavoro, in sostituzione della reintegrazione nel posto di lavoro, un'**indennità** pari a 15 mensilità dell'ultima retribuzione di riferimento per il calcolo del trattamento di fine rapporto, la cui richiesta determina la risoluzione del rapporto di lavoro, e che **non** è assoggettata a contribuzione previdenziale.

La richiesta dell'indennità deve essere effettuata entro **30 giorni** dalla comunicazione del deposito della pronuncia o dall'invito del datore di lavoro a riprendere servizio, se anteriore alla predetta comunicazione.

Risoluzione del rapporto

Il rapporto di lavoro si intende risolto quando il lavoratore non abbia ripreso servizio entro **30 giorni** dall'invito del datore di lavoro, salvo il caso in cui abbia richiesto l'indennità sostitutiva della reintegra.

DIFETTO DI GIUSTIFICAZIONE DEL LICENZIAMENTO DISCIPLINARE

Ipotesi di reintegra

La reintegra (con risarcimento massimo di 12 mensilità, *dedotto quanto il lavoratore ha percepito, nel periodo di estromissione, per lo svolgimento di altre attività lavorative, nonché quanto avrebbe potuto percepire dedicandosi con diligenza alla ricerca di una nuova occupazione)* **spetta in caso di insussistenza del fatto contestato** *ovvero perché il fatto rientra tra le condotte punibili con una sanzione conservativa sulla base delle previsioni dei contratti collettivi ovvero dei codici disciplinari applicabili.*

Contributi

Il datore di lavoro è condannato anche al versamento dei contributi previdenziali e assistenziali dal giorno del licenziamento fino a quello della effettiva reintegrazione, maggiorati degli interessi nella misura legale senza applicazione di sanzioni per omessa o ritardata contribuzione, per un importo pari al differenziale contributivo esistente tra la contribuzione che sarebbe stata maturata nel rapporto di lavoro risolto dall'illegittimo licenziamento e quella accreditata al lavoratore in conseguenza dello svolgimento di altre attività lavorative.

Indennità

Al lavoratore spetta un indennità risarcitoria tra un minimo di 12 mensilità e un massimo di 24 dell'ultima retribuzione globale di fatto, in relazione all'anzianità del lavoratore e tenuto conto del numero dei dipendenti occupati, delle dimensioni dell'attività economica, del comportamento e delle condizioni delle parti, con onere di specifica motivazione a tale riguardo.

Si considera estinto il rapporto con effetto dalla data del licenziamento.

Nelle imprese fino a 15 dipendenti il datore di lavoro non è tenuto alla reintegra, ma al risarcimento del danno con un'indennità per un importo compreso tra 2,5 e un massimo di 6 mensilità dell'ultima retribuzione globale di fatto.

Lavoratori assunti dal 07.03.2015

Insussistenza del fatto materiale

Solo per le imprese con più di 15 dipendenti, *il lavoratore ha diritto alla* **reintegra** *e all'***indennità risarcitoria** *(massimo 12 mensilità) su retribuzione Tfr dal giorno del licenziamento sino a quello dell'effettiva reintegrazione, dedotto quanto il lavoratore ha percepito, nel periodo di estromissione, per lo svolgimento di altre attività lavorative, nonché quanto avrebbe potuto percepire dedicandosi con diligenza alla ricerca di una nuova occupazione.*

Contributi

Inoltre, il datore di lavoro è condannato al versamento dei contributi previdenziali e assistenziali dal giorno del licenziamento fino all'effettiva reintegrazione senza applicazione di sanzioni per omissione contributiva.

Altre ipotesi

In tutti gli altri casi *il rapporto è estinto dalla data del licenziamento e al lavoratore spetta un'indennità risarcitoria pari a 2 mensilità dell'ultima retribuzione di riferimento per il calcolo del Tfr per ogni anno di servizio, in misura comunque non inferiore a 4 e non superiore a 24, non assoggettata a contributi.*

Calcolo indennità

Ai fini del calcolo delle indennità, l'anzianità di servizio del lavoratore che passa alle dipendenze dell'impresa subentrante nell'appalto si computa tenendosi conto di tutto il periodo durante il quale il lavoratore è stato impiegato nell'attività appaltata (art. 7,D.Lgs.23/2015). Per le frazioni di anno d'anzianità di servizio, le indennità sono riproporzionate e le frazioni di mese uguali o superiori a 15 giorni si computano come mese intero.

Nelle imprese fino a 15 dipendenti il datore di lavoro non è tenuto alla reintegra, ma al risarcimento del danno con un'indennità pari ad un importo compreso fra 2 e 6 mensilità della retribuzione utile al calcolo del TFR.

LICENZIAMENTO PER MOTIVI ECONOMICI O OGGETTIVI (GMO)

Assunti prima del 07.03.2015

*In caso di manifesta insussistenza del fatto posto a base del licenziamento, i lavoratori assunti fino al 06.03.2015 hanno diritto all'annullamento del licenziamento e alla condanna del datore di lavoro alla **reintegra**, con **indennità risarcitoria** commisurata all'ultima retribuzione globale di fatto dal giorno del licenziamento fino a quello dell'effettiva reintegrazione.*

In ogni caso la misura dell'indennità risarcitoria non può essere superiore a 12 mensilità della retribuzione globale di fatto.

Se il fatto sussiste, ma il licenziamento è illegittimo non si applica la reintegre, ma l'indennità economica risarcitoria pari ad un importo della retribuzione globale di fatto corrispondente da 12 a 24 mensilità in funzione dell'anzianità di servizio.

Assunti dal 7.03.2015

Non è più prevista la reintegra per i lavoratori a tutele crescenti.

*Il rapporto è estinto alla data del licenziamento e al lavoratore spetta un'**indennità risarcitoria** pari a **2 mensilità dell'ultima retribuzione** di riferimento per il calcolo del Tfr per ogni anno di servizio, in misura non inferiore a 4 e non superiore a 24, non assoggettata a contributi.*

Imprese fino a 15 dipendenti	Per le imprese fino a 15 dipendenti, gli importi sono ridotti e comunque il limite massimo di risarcimento è rappresentato da 6 mensilità.

LICENZIAMENTO COLLETTIVO

Lavoratori assunti prima del 07.03.2015

Tutti i casi di licenziamento illegittimo

Il lavoratore ha diritto alla reintegra e al risarcimento del danno, non inferiore alle 5 mensilità, sulla base di un'indennità commisurata all'ultima retribuzione globale di fatto maturata dal giorno del licenziamento fino a quello dell'effettiva reintegra, dedotto quanto percepito, nel periodo di estromissione, per lo svolgimento di altre attività lavorative.

Il datore di lavoro è anche condannato, per il medesimo periodo, al versamento dei contributi previdenziali e assistenziali.

Lavoratori assunti dal 07.03.2015   Artt. 2 e 10, D. Lgs. 23/2015

Assenza di forma scritta

In caso di licenziamento collettivo senza la forma scritta, ipotesi nella prassi praticamente assente, si applica la reintegra, con risarcimento pieno (come per il licenziamento nullo: almeno 5 mensilità dell'ultima retribuzione di riferimento per il calcolo del Tfr).

Violazione procedure e criteri di scelta

Il rapporto si considera estinto alla data del licenziamento.

Al lavoratore deve essere versata un'indennità risarcitoria pari a 2 mensilità dell'ultima retribuzione Tfr per ogni anno di servizio, in misura comunque non inferiore a 4 e non superiore a 24, non assoggettata a contributi.

OFFERTA DI CONCILIAZIONE

AMBITO APPLICATIVO

Solo per i lavoratori assunti dopo il 07.03.2015

Entro i termini di impugnazione del licenziamento (**60 giorni** dalla ricezione della sua comunicazione in forma scritta) presso le sedi di conciliazione protette espressamente individuate dall'art. 6 del D.Lgs.23/2015, (ossia DTL, sede sindacale e commissioni di certificazione), il datore di lavoro può offrire un importo, che non costituisce reddito imponibile ai fini fiscali e contributivi e contributivi, di ammontare pari a **1 mensilità di retribuzione di riferimento per il calcolo del Tfr per ogni anno di servizio**, in misura non inferiore a 2 e non superiore a 18, mediante consegna di assegno circolare.

Con l'accettazione, il rapporto si estingue alla data del licenziamento e il lavoratore rinuncia all'impugnazione del licenziamento, anche se già proposta.

Ulteriori somme, pattuite nella stessa sede, sono soggette al regime fiscale ordinario.

Il Jobs Act in breve

Il famoso JOBS ACT, legge 10 dicembre 2014, n 183, pubblicata in Gazzetta Ufficiale il 15 dicembre 2014, n. 290, è entrato in vigore il 16 dicembre del 2014. In realtà una prima fase del JOBS ACT si è conclusa con la legge n. 78 del 16 maggio 2014, riguardante la semplificazione del contratto a tempo determinato. Questa tipologia di contratto inizialmente doveva essere giustificata da motivazioni di carattere tecnico, produttivo, organizzativo o sostitutivo, creando molte occasioni di contenzioso allo scadere del contratto. Questa riforma ha eliminato questa tipologia di contenzioso, rendendo l'utilizzo del contratto più semplice e meno rischioso. C'è stato l'ennesimo tentativo di semplificazione del contratto di apprendistato e, infine, sono state date nuove specifiche in materia di somministrazione e DURC.

Storicamente il JOBS ACT in Italia nasce da una newsletter di Matteo Renzi dell'8 gennaio 2014, che si ispirava all'American Jobs Act proposto da Barack Obama e mai divenuto legge. L'accostamento voluto da Renzi non è casuale, sia da un punto di vista politico, poiché si è da sempre proposto come il volto nuovo della politica italiana così come Obama è certamente il Nuovo per gli Stati Uniti d'America, sia dal punto di vista dell'obiettivo. I due Jobs Act si sono prefissati come obiettivo una rideterminazione del mercato del lavoro, per aumentare l'occupazione. Dal punto di vista sostanziale però i metodi di applicazione sono differenti. Nei piani di Obama il Jobs Act doveva essere una politica di tipo economico volta ad aumentare i redditi da lavoro diminuendone i costi, mentre la riforma di Renzi è di tipo legislativo e formale, volta a semplificare l'ingresso e l'uscita in azienda del lavoratore, mediante poche regole chiare e definitive. Non è prevista nella legge delega alcuna risorsa economica.

Il JOBS ACT consiste in cinque deleghe specifiche:

1. Riordino degli ammortizzatori sociali;
2. Servizi per l'impiego e politiche attive per il lavoro;

3.Semplificazione e razionalizzazione delle procedure e degli adempimenti;

4.Riordino della disciplina dei rapporti di lavoro, tipologie contrattuali, semplificazione e razionalizzazione dell'attività ispettiva;

5.Tutela della maternità, cure parentali e forme di conciliazione vita/lavoro.

I primi due decreti attuativi del 2015 (Decreto legislativo 04.03.2015 n° 23 , G.U. 07.03.2015 ed il n. 22) sono concentrati sull'uscita del lavoratore dalla vita aziendale più che sull'ingresso di nuovi lavoratori.

Nella visione della politica renziana, si è sempre ritenuto che le difficoltà maggiori del mondo del lavoro, fermo sul lato delle assunzioni di lavoratori, siano giustificate in modo consistente dall'incertezza in materia di licenziamenti, incertezza non solo sulle tempistiche processuali e del risarcimento, ma anche in termini di licenziabilità del personale dipendente e non. La crisi occupazionale di questi anni è stata anche causata dalla scarsa mobilità del personale. Molte aziende in crisi, ormai con il destino segnato verso la chiusura, hanno fatto uso degli ammortizzatori sociali, quali cassa integrazione o contratti di solidarietà, con aggravio di costi per lo Stato e poca disponibilità a favore di politiche attive di investimento per nuova occupazione.

Se il mondo del lavoro ha problemi di incertezza e di difficoltà a collegare chi cerca un posto di lavoro con chi lo offre, ecco che le prime risposte vengono dai nuovi contratti a tutele crescenti e dall'introduzione del nuovo assegno di disoccupazione, la NASPI.

Il passo successivo sarà la semplificazione delle tipologie contrattuali e la razionalizzazione o eliminazione di quelle soluzioni "ibride" definite nell'impianto della legge Biagi e poi riformulate dalla legge Fornero, contratti "male interpretati" che hanno aumentato l'instabilità nel mercato del lavoro ed in buona parte anche i ricorsi in tribunale.

Nella delega numero 4, introdotta nel JOBS ACT, si semplificheranno le tipologie contrattuali esistenti, eliminando le tipologie flessibili introdotte con il DLGS 276/03, con particolare riguardo alle collaborazioni a progetto, i contratti di associazione in partecipazione ed il contratto di lavoro ripartito, mediante l'utilizzo del solo contratto a tempo indeterminato a tutele crescenti.

Il contratto a tempo indeterminato sarà la soluzione predominante, perché le regole, in caso di recesso, saranno definite e certe, così che le Aziende in crescita non dovranno più preoccuparsi dei limiti dimensionali (che permettevano la non applicazione dell'articolo 18 per aziende inferiori ai 15 dipendenti). Il mercato del lavoro, per il governo, è ora più flessibile.

Risolto il problema a livello microeconomico, ovvero aziendale, è ora necessario gestire l'occupazione a livello di sistema macroeconomico complessivo mediante politiche per la ricerca ed il collegamento a nuove occupazioni. Questo spiega i punti 1 e 2 del programma, in quanto il primo si occupa di rideterminare le regole relative gli ammortizzatori sociali, quali Cassa integrazione Ordinaria, Straordinaria e contratti di Solidarietà e disoccupazione. Senza dilungarmi eccessivamente sull'argomento, che non è oggetto di trattazione, il concetto alla base del primo punto è di semplificare le procedure di autorizzazione di CIGO e CIGS, riducendo i tempi dei pagamenti, oggi pari ad un minimo di quattro mesi successivi alla richiesta di intervento, ma soprattutto di permettere l'utilizzo di questi strumenti solo ed esclusivamente per le aziende che realmente stiano attraversando un processo di riorganizzazione o una crisi temporanea e che quindi siano ancora vitali sul mercato. Purtroppo fino ad oggi molti degli interventi di CIGO e CIGS sono stati utilizzati come strumenti per permettere ai lavoratori di rimanere occupati e tutelati con un assegno mensile, anche se in realtà le aziende datrici di lavoro non erano in grado di superare la personale crisi procrastinando la chiusura, o addirittura in casi meno recenti sono stati utilizzati gli ammortizzatori sociali per aziende ormai dichiarate fallite, per le quali non era possibile prevedere un rilancio o una riorganizzazione. Se da un lato questo utilizzo "border line" degli strumenti ha evitato un disagio sociale enorme, tenuto conto anche della coincidenza con la crisi economica del 2006-

2008, tuttora in corso, dall'altra ha di fatto creato delle disfunzioni nei mercati economici che tenderebbero teoricamente ad escludere le diseconomie delle aziende non in linea.

L'altra modifica richiesta dal riordino degli ammortizzatori sociali, già attiva oggi, è quella dell'assegno di disoccupazione denominato NA-SPI.

Dal 2017 non sarà più possibile avere il contributo di mobilità, così la NASPI sarà l'unico contributo per i disoccupati. Il nuovo assegno è concesso ad una più ampia platea di beneficiari, ma è stata rimodulata la durata in funzione di quanto ogni singolo percettore ha contribuito nei due anni precedenti. Allo scopo di attivare subito la ricerca di lavoro, vengono introdotti percorsi di ricollocazione e la progressiva diminuzione mese per mese, a partire dal IV, del 3% dell'importo erogato dall'INPS e della copertura pensionistica. L'ASPI invece era un assegno mensile che poteva essere garantito fino ad un massimo di sedici mesi, in funzione dell'età del percettore, e garantiva l'intera copertura della contribuzione ai fini pensionistici.

L'importo erogato dell'ASPI era pari al 75% della retribuzione ultima percepita dall'ex-lavoratore nei limiti di massimale che per il 2014 è di € 1.192,98. Con la NASPI il massimale è di 1300.

La delega 3 contiene indicazioni per la semplificazione dei centri per l'impiego, ma soprattutto prevede l'introduzione di servizi di ricollocazione mediante incentivazione e collaborazione con le società di outplacement, non solo in tema di nuove opportunità di lavoro, ma anche in termini di formazione ed orientamento professionale del lavoratore.

Il punto 4 ha come obiettivo la semplificazione delle procedure in materia di sicurezza e di lavoro ed il punto 5 introduce deleghe per promuovere la tutela della maternità e delle lavoratrici madri, nonché stimoli per la gestione dell'equilibrio vita/lavoro. Pur nell'importanza delle finalità e del miglioramento che possono creare nella situazione lavorativa personale, queste materie non sono oggetto di trattazione del presente libro.

Capitolo 3

Faccia a faccia con il "Nemico"

"Eccomi qua ancora davanti ad un monitor. Oggi mi tocca comunicare con i miei clienti con le cuffiette ed un click. Quel genio del responsabile marketing, assistito dall'ingegnere gestionale (di cui non ho ancora capito la funzione) si è inventato 'sta soluzione che dovrebbe aumentare l'efficienza del lavoro del commerciale, con un risparmio di tempo e denaro. Niente più auto aziendali né rimborsi spese viaggi! Nessuno di quegli incravattati che hanno partorito questa genialata ha mai pensato ai rapporti personali che ha il venditore con i propri clienti e quanto questi rapporti generino business. Non pensano nemmeno che la presenza fisica del venditore possa in qualche modo fidelizzare il cliente e limitare operazioni di passaggio alla concorrenza se questi la interpreta come familiarità. Al contrario, preferiscono assumere tre ragazzini in un call center al prezzo di un venditore, con il risultato che metà di loro se ne va entro un anno.

"Ciao sono Marco", rispondono al cliente dandogli del tu. Nemmeno hanno un cognome questi mocciosi! Ora, la mia rete vendita è un asilo e mi trovo a fare da balia ad un gruppo di pivelli svogliati e senza alcuna esperienza di vendita.

La webcam accesa rimanda l'immagine di Massimo Petrale come uno specchio. È una giornata storta e guardandosi riflesso nello schermo del pc non riesce a fare a meno di esternare tutto il proprio malessere.

"Guarda la tua faccia Massimo, in questi due anni è invecchiata più di quanto sia invecchiata nei dieci anni precedenti. Ora vesti in modo approssimativo: camicia, giacca sportiva quando sei in forma o maglione per il resto dei giorni. Ai pantaloni eleganti preferisci i jeans ed ormai

calzi solo sneakers, un po' più raffinate rispetto ai ragazzini ma sono pur sempre scarpe da ginnastica. Un tempo eri sempre a punto in ogni situazione. Mi ricordo ancora quel biglietto lasciato dalla responsabile acquisti di Auchan con il numero di telefono e chissà quante altre aspettavano il mio ingresso in negozio. Oggi invece? Da trentamila chilometri all'anno sono passato a cinque giorni la settimana rinchiuso in queste quattro mura. Questo ufficio è diventato la mia prigione! Anche la sedia ha la mia forma. Fino a poco tempo fa ero quasi il braccio destro di Rota, andavo sempre con lui agli appuntamenti più importanti. I budget li concordavamo insieme. Oggi faccio perfino fatica a parlargli. Rota ha solo occhi per i due nuovi manager e per le loro tabelle di excel e le presentazioni in power-point. È gente che vive e cataloga il personale in base al costo e ai numeri. Non capiscono che nella vita esistono anche le relazioni. Un reparto non rende? Pensano di tagliarlo per ridurre i costi senza pensare al fatto che quel reparto potrebbe essere di supporto ad altre unità. Non li sopporto! Ad ogni riunione mi trattano come se fossi un novellino, non rispettano né l'età né tanto meno la mia esperienza. Vendo da quando sono nato e ho venduto ovunque abbia lavorato! Non devono certo insegnarmi loro il mio lavoro. Sono convinti dei loro numeri, bravi ad autocelebrarsi, ma zero tempo per ascoltare il personale. Mi hanno chiuso la rete vendita, mi fanno gestire un call-center di cerebrolesi e l'unica cosa che sono capaci di fare alle riunioni è schiaffarmi in faccia i numeri delle vendite ed il continuo mancato raggiungimento dei forecast previsti. Senza mezzi per me è impossibile raggiungere anche i risultati degli anni scorsi. Non sanno come gira il mondo là fuori!
È un campo di battaglia!"

Si dice che la nostra mente non distingua tra una realtà vividamente immaginata ed una realmente accaduta. La scena di Petrale è accaduta solo nella mia mente durante il tragitto verso la GRT, eppure è così vivida che quasi mi convinco sia accaduta realmente. Immagino Petrale chiuso nel proprio ufficio che di tanto in tanto sbircia un pacco di documenti accumulato negli anni e pensa tra sé e sé: "Ecco la mia assicurazione per quando finalmente me ne andrò via di qua. Ho archiviato tutto quello che mi serve per farmi pagare la pensione dal "buon" Rota. Lo voglio vedere sbiancare e perdere quell'ottimismo che emana ogni volta, manco fosse l'imprenditore più importante d'Italia. Spero che la situazione si risolva al più presto, non so quanto riuscirò a resistere in queste condizioni."

Chissà cosa penserà Petrale quando mi scorgerà in reception. Probabilmente mi scambierà per un futuro collega e dirà una roba del tipo: "Eccolo lì un altro frocetto bocconiano con i capelli lunghi da hippy e vestito come un becchino. Ormai in quell'università li fanno tutti così! Se Rota pensa di inserirlo come mio superiore questa volta me ne vado io! Non posso rispondere agli ordini di uno che potrebbe benissimo essere mio figlio e che, tra l'altro, manderei fuori di casa raggiunta la maggiore età!"
Con quest'ultima battuta di Petrale si chiude il mio film mentale proprio davanti ai cancelli della GRT.

Varco il cancello ed entro in azienda. La ragazza alla reception mi riconosce e chiama immediatamente Francesca per annunciare il mio arrivo.
Francesca mi accoglie con un sorriso che da senso al suo buongiorno e lo rende autentico.
Il buongiorno di Giacomo invece suona più come un incitamento a renderlo produttivo. Questa volta salta addirittura il "buongiorno" per passare a: "Ecco qui il mio problem solver! Sono curioso di vedere cosa tiri fuori dal tuo cilindro."

Francesca ammorbidisce l'impatto con un: "Gradisce un caffè?"

"Con piacere! Non l'ho preso apposta." Rispondo prontamente prima che Giacomo intervenga.

"Dimmi tutto. Non vedo l'ora di sbattere fuori quel lavativo!"

Prendo un profondo respiro come a sollevare il bel macigno di aspettative e prendo la parola: "Ho analizzato tutta la documentazione alla ricerca di un motivo valido, oggettivo per giustificare il licenziamento..."

"Il motivo è semplice: è un fannullone e perditempo!"

"Beh, come puoi immaginare, ai giudici queste tue valutazioni non bastano. Hanno bisogno di elementi oggettivi ed io credo che ci siano. Ho visto che avete ridefinito i metodi di approvvigionamento della piccola distribuzione."

"Certo, è stata una mia idea! Invece di avere 20 agenti esterni coordinati da Petrale e sempre in giro, con provvigioni e rimborsi costosi, faccio mandare via e-mail le offerte e poi tramite call center raccolgo gli ordini. In quel settore non serve più coccolare il cliente. Sono talmente piccoli che basta la quantità e così concentro i venditori sulla GDO dove conoscere e "gestire" il responsabile, sai cosa intendo, è fondamentale."

"Appunto, i dati confermano una flessione e soprattutto che la business unit oggi non ha più la necessità di avere una persona che si occupi della gestione di agenti come avveniva qualche anno fa. In realtà qui servirebbe un responsabile di call center, quindi una persona con un profilo professionale diverso da quello di Petrale. In sostanza Petrale è stato assunto per coordinare degli agenti e oggi si ritrova a fare il responsabile di un call center..."

"Esatto! Lì adesso ho bisogno di uno che mi gestisca gli operatori del call center in modo che producano più risultati, cosa che, come avrai visto dai bilanci, Petrale non sa fare. Insomma, si tratta pur sempre di gestire persone che devono vendere. È cambiata solo la modalità di vendita. Alla fine, avrei potuto licenziarlo tempo fa e invece..." La frase di Giacomo rimane sospesa a metà in cerca del tono giusto. La voce per un attimo trema. Proprio così, avrebbe potuto ma non l'ha fatto. Chissà perché? Il rapporto tra Giacomo e Petrale ha iniziato ad incrinarsi proprio dopo il cambio dell'organizzazione della business unit e si è deteriorato al punto da cancellare dalla mente di entrambi le motivazioni che li avevano portati a stringere il loro sodalizio professionale. Ma questo non è il momento giusto per "complicare" le cose con simili riflessioni. Così me le tengo per me. Meglio "restare sul pezzo" come direbbe Giacomo e approfitto del suo silenzio per aggiungere: "Di fatto si è profilato un demansionamento che può essere un'alternativa al licenziamento, anche se la legge predilige soluzioni di pari livello e mansione. Quindi prima di procedere con il licenziamento per giustificato motivo oggettivo dobbiamo essere sicuri che Petrale non possa essere impiegato in altre attività di pari livello."

"Ma insomma, in che squadra giochi? Non voglio alternative, lo voglio fuori! Solo a vedere la sua faccia tutte le mattine già mi irrito."

"Giacomo, non sono tuo nemico e non voglio farti perdere tempo. Devo piuttosto trovare il modo per raggiungere il tuo obiettivo senza rischiare una reintegra."

"Ci mancherebbe anche questa!"

Nel frattempo Francesca entra in ufficio con un vassoio su cui ci sono i nostri caffè e qualche dolcetto. Ci sono anche dei tovagliolini di carta che mi fanno venire un'idea per stemperare la tensione. Prendo una penna e su un tovagliolo provo a schematizzare quali rischi potrebbe correre Giacomo nei differenti scenari di licenziamento e spiego perché.

"Vedi Giacomo, tu mi hai chiamato per licenziare Petrale illustrandomi le sue molteplici mancanze, ma, anche se ti sembrerà strano, non abbiamo abbastanza elementi per poter procedere con quello che viene detto il "licenziamento per giustificato motivo soggettivo" ossia quello che avviene per colpa del dipendente. O meglio, tale strada è troppo rischiosa e soggetta all'interpretazione del giudice."

Sull'immagine di Massimo Petrale che se ne va dall'azienda Giacomo sorride.

Come ti ho anticipato la volta scorsa, questo genere di licenziamento prevede una procedura fatta di richiami e sanzioni che purtroppo non sono stati applicati. Quindi se procediamo su questa via ci sono buone probabilità di perdere e di dover reintegrare Petrale in azienda.

Giacomo, stupito e al tempo stesso divertito dalla mia "performance artistica", inizia a seguire il ragionamento e sembra "apprezzare" perfino l'illustrazione del meccanismo della reintegra con Petrale che rientra in azienda dalla finestra. Lo capisco dal tono quasi rassegnato con cui dice:

"Ecco, ho capito, lo dovrò sopportare per tutta la vita! Ne ho fatti di errori, ma questo è la mia croce!""

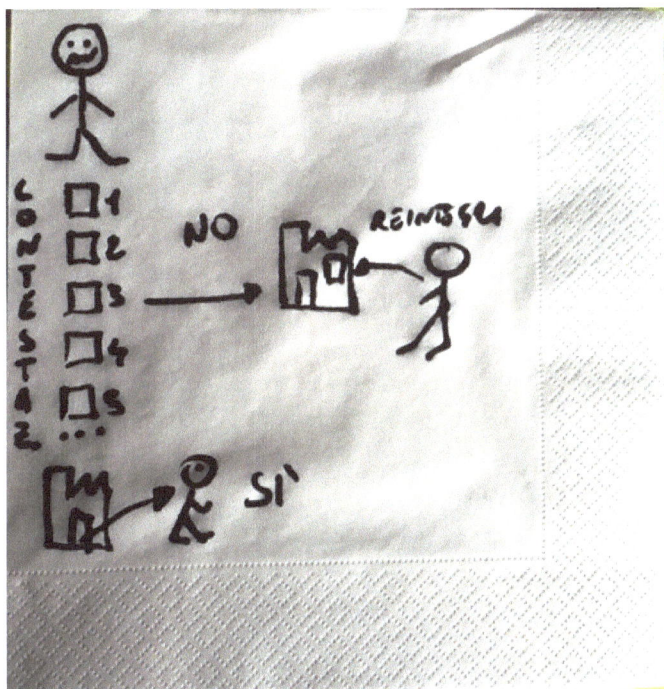

"Aspetta Giacomo, fammi finire. C'è un'altra via che possiamo seguire. Leggendo la documentazione che mi hai fornito ho capito che qui il vero problema non è tanto il comportamento di Petrale, per quanto fastidioso possa essere, ma il suo stesso ruolo in azienda.

Possiamo dunque scegliere la via del licenziamento per giustificato motivo oggettivo.

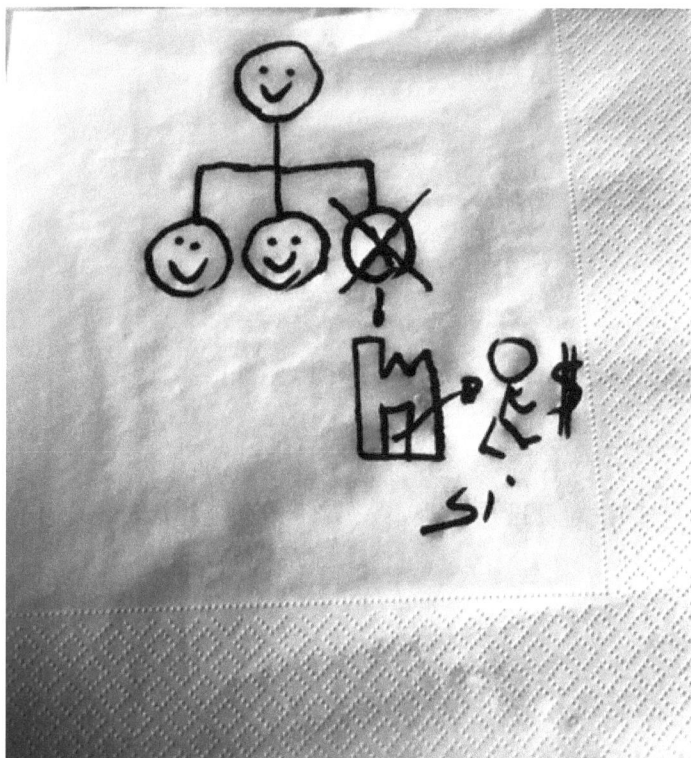

Le domande che ti porrò adesso potranno esserti riproposte dalla commissione."

"Commissione? Quale commissione?"

"Se optiamo per un licenziamento di tipo oggettivo dovremo, prima del licenziamento, chiedere la convocazione in DTL, la sede territoriale del ministero del lavoro, e lì ci sarà una commissione composta da due rappresentative sindacali, una per i lavoratori e l'altra per i datori di lavoro, ed un presidente della commissione che è il funzionario ministeriale. Loro ci convocheranno e in quella sede non faranno altro che chiedere se esistono alternative al licenziamento."

"E cosa gli faccio fare a questo qua?"

"Non devi inventarti nuovi posti di lavoro o cambiare le mansioni degli altri. Devi solo pensare a possibili posti vacanti. Diversamente ti chiederanno la disponibilità di un'offerta economica."

"E quanto dovrei pagare?"

"Possiamo proporre dalle tre alle sei mensilità, questo lo valutiamo, anche perché sia le opportunità di lavoro che la proposta economica devono essere accettate da Petrale. Ad ogni modo le proposte verranno verbalizzate dalla commissione e quindi il fatto di aver fornito delle proposte "adeguate" potrà essere comunque un vantaggio in sede di giudizio.
Tra le proposte potremmo inserire anche quella dell'outplacement che solitamente riscuote il favore dei sindacati e può essere utile anche per l'immagine aziendale."

"Outplacement? "

"Sì. L'azienda può offrire al dipendente in uscita, oltre ad un'indennità di licenziamento, anche un servizio di outplacement che viene erogato da società specializzate nella ricollocazione professionale dei dipendenti in uscita dall'azienda. Li prendono in carico per un determinato periodo di tempo e li supportano nella ricerca di un altro lavoro. Il dipendente solitamente può decidere se accettare il servizio o aumentare l'indennità di licenziamento. Credimi, è una soluzione molto valida. Possiamo fissare un appuntamento con il referente di una società di outplacement con cui ho già collaborato, così puoi valutare anche questa opzione."

"Niente outplacement! Non ho tempo da perdere e poi so già che quell'assatanato preferirebbe avere un'indennità più alta che un servizio di ricollocazione. Figurati se uno così pieno di sé accetterebbe un servizio del genere."

Ok, come non detto. Giacomo ha già dimenticato tutto il discorso ed è andato al sodo: i soldi!

"Per l'importo dimmi tu, tanto verrai con me all'incontro con la commissione, vero?"
Dando per scontato la mia risposta positiva aggiunge: "A questo punto scriviamo la lettera e licenziamolo! Tolto il dente, via il dolore!"

Il tono perentorio di Giacomo non ammette repliche. Si alza di scatto e con lo sguardo corrucciato si avvia verso il proprio ufficio.
Francesca, che per tutto il tempo è rimasta seduta in un angolo appuntando nella propria mente ogni frase ed ogni passaggio della conversazione, si avvicina e mi rivolge uno sguardo comprensivo. Quello sguardo è l'unica fonte di calore nella gelida e smisurata sala riunioni che tra poco ospiterà lo scontro fra i due contendenti.

Questa mattina ho cercato di immaginare la scena dello scontro tra Rota e Petrale, ma in tutta onestà non pensavo che sarebbe accaduto proprio oggi.
Con l'aiuto di Francesca redigo la lettera di licenziamento che, dopo attenta rilettura da parte di entrambi, viene sottoposta a Giacomo. Lui finge di leggerla, ma è evidente che non ha alcun interesse a perdersi in un mucchio di formule burocratiche. Ciò che conta è la sostanza e ha solo una gran fretta di chiudere la faccenda. Sembra quasi che tema di cambiare idea e di soprassedere alle contestazioni come ha fatto molte

altre volte. Se non lo frequentassi da tempo sui campi da tennis probabilmente non avrei colto anche un velo di preoccupazione nel suo sguardo, una preoccupazione che cerca di mascherare con la fretta di chiudere la questione. Abituato a piani di budget sempre rispettati, sa perfettamente che in casi come questo funziona come a poker. Puoi ipotizzare un bluff o valutare le carte dell'avversario, ma prima o poi bisogna "vedere".

Gira il tappo della Montblanc e firma con rapida decisione la lettera, poi si rivolge a Francesca:

"Chiami Petrale!"

***

Che faccia ha l'avversario?

Nelle fiabe e nei film l'avversario ha sempre delle caratteristiche ben precise che permettono di distinguerlo dall'eroe della storia. In questo caso ognuno è eroe della propria storia.

Giacomo porta avanti un'impresa dalla quale dipende la sopravvivenza non solo della propria famiglia, ma anche di molte altre. Petrale, che inizialmente era parso l'alleato ideale, è diventato il suo peggior nemico, quello che sta mettendo a rischio l'impresa.

Petrale, dal canto suo, vive probabilmente un conflitto tra il desiderio di liberarsi da un vincolo che toglie il fiato e la paura di perdere il posto di lavoro che è pur sempre una sicurezza economica.

Tempo fa ho letto una frase che dice: "Ogni persona che incontri sta combattendo una battaglia di cui non sai nulla. Sii gentile sempre." Cerco sempre di rispettarla con gli altri perché per me è una verità assoluta.

Ora mi trovo nella parte dell'imprenditore ma vorrei anche cercare di rassicurare Petrale e fargli capire che, giunti a questo punto, la separazione forse è la soluzione ideale anche per lui.

Il "nemico" di Rota è un uomo sulla cinquantina, capello corto e brizzolato, viso lungo, occhiali con montatura blu rettangolare. Veste casual: pantalone chino grigio, scarpe sneaker eleganti, camicia azzurra aperta a mostrare qualche collanina colorata, ricordo di vacanze esotiche, e giacca blazer blu per non sbagliare mai.

Leggo dall'espressione di Petrale lo stupore per la mia presenza. Per qualche istante il suo sguardo si abbassa e un piccolo sorriso sarcastico si disegna sul suo viso come a dire: "È arrivato il momento. In fondo me l'aspettavo". Poi lo sguardo si rialza e il viso si fa subito tirato.

"Chiudo la porta o lascio aperto?"

Francesca suggerisce cortesemente di chiudere e a quel punto Massimo Petrale si dirige con passo da automa verso la sedia posta dinanzi a noi. Il suo sguardo indugia per un attimo sulla lettera. Come pianificato prendo la parola. Secondo i piani in questo incontro Giacomo e Francesca non dovrebbero avere funzioni se non quella di testimoni dell'accaduto, ma spesso dimentico che per imprenditori del calibro di Giacomo è difficile ricoprire il ruolo dello spettatore silente e rispettare i piani. Faccio appena in tempo a presentarmi e ad accennare il motivo dell'incontro che vengo interrotto da Giacomo. Avrei dovuto immaginare che non avrebbe resistito alla tentazione di intervenire. Il suo corpo emetteva segnali chiari all'ingresso di Petrale: la faccia ed il corpo erano rivolti verso di me, ma chini a guardare il pavimento. Aveva le gambe incrociate ed il piede della gamba superiore continuava ad oscillare, come a caricare tutto il risentimento accumulato in questa breve, ma per lui eterna attesa. È un istintivo e, nel bene e nel male, deve avere un ruolo attivo anche in questo momento.

"È finita! Te lo avevo detto più volte, ora basta! Prenditi un avvocato, fai quello che vuoi, ma con oggi ti licenziamo. So che dovremo aspettare quella convocazione lì indicata nella lettera che poi il consulente ti leggerà, ma da domani che tu venga o no non mi interessa, anzi se stai a casa ti pago pure i giorni fino alla convocazione. Da troppo tempo ti sopporto, ho cercato di venirti incontro, di parlare con te per trovare una soluzione. Ti ho dato un sacco di opportunità ma tu te ne freghi. Te ne stai lì a vivacchiare e sembra che il tuo vero lavoro sia farmi incazzare. Ma ora basta! Ognuno per la sua strada, costi quel che costi e poi vediamo."

Massimo Petrale lo guarda impassibile, o almeno si sforza di apparire tale. L'espressione del viso fa capire che avrebbe anche lui qualcosa da replicare, ma non ora e non in questa sede.

Dopo qualche attimo di silenzio inizio a leggere la lettera, spiego brevemente di che cosa si tratta e come funzionerà la procedura. Massimo Petrale mi guarda, accenna di nuovo un sorriso sarcastico, firma, mi saluta ed esce dalla sala riunioni lanciando un'occhiata di sfida a Giacomo e Francesca.

Da come mi hanno raccontato del carattere "fumantino" di Petrale mi sarei aspettato una scena epica, con insulti tipo "sei solo chiacchiere e distintivo" alla De Niro del film "Gli intoccabili" e invece devo ammettere che questa reazione pacata di Petrale ha spiazzato anche me. Certamente non ha dato alcuna soddisfazione a Giacomo, che probabilmente avrebbe preferito concludere con un'accesa discussione. Forse, chi lo sa, sarebbe bastata una parola in più per innescare una escalation di recriminazioni da entrambe le parti. Certo è che il self control dimostrato da Petrale è da manuale.

Si chiude la porta e a questo punto Giacomo sbotta:
"Hai visto? non ha detto nulla. A questo qua non gliene frega proprio niente di lavorare. Hai visto che faccia? Sono anni che subisco questi atteggiamenti".

Con tono pacato Francesca commenta: "Dottore, in fondo se l'aspettava. Probabilmente si è preparato psicologicamente ad affrontare questo momento".

"Certo! questo lo so, ma non capisce che ha perso il lavoro? Cosa crede di fare? Là fuori sono mica tutti bravi e pazienti come me!"

Assisto alla fase di "defaticamento" di Giacomo, come quando dopo una lunga e faticosa corsa si prosegue per qualche minuto a ritmi lenti per non fermarsi all'improvviso con dolori e crampi, ma abituando il fisico allo shock subito per la corsa. Comprendo che per lui è stato comunque un momento di forte agitazione, anche se sognato e preparato da tempo.

In questi momenti perdo il dono della parola, rimango sempre con una sorta di sassolino nello stomaco che va su e giù e l'amaro in bocca. Spesso mi chiamano per concludere rapporti di lavoro, ma in realtà il mio vero obiettivo è fare in modo che durino più a lungo e siano produttivi per entrambe le parti. Dopo tutto il lavoro di analisi, dopo aver letto e riletto e-mail, lettere, aver ascoltato i racconti ed averli rielaborati, ciò che resta è una sensazione di vuoto.

Dopo qualche attimo di silenzio mi riprendo e chiedo a Francesca di spedire la comunicazione alla DTL a mezzo PEC e di farmi sapere quando riceverà il fax di convocazione per poter affiancare Giacomo. A quel punto Giacomo esclama: "È fatta! adesso aspettiamo, non potevamo fare diversamente."

In realtà le cose potevano essere gestite diversamente fin dall'inizio. Per una strana associazione di idee nella mia mente appare l'immagine degli orologi molli di Dalì. Mi ha sempre affascinato quel quadro e mai come ora mi appare chiaro il suo significato. Gli orologi si afflosciano perdendo consistenza di fronte agli stati d'animo. Il tempo è relativo. Proprio così. La percezione che abbiamo del tempo varia a seconda dei momenti e dei nostri stati d'animo. Penso a quanto tempo Giacomo abbia indugiato prima di prendere una decisione riguardo a Petrale. È come se avesse avuto tra le mani un orologio di plastica che ha tirato fino a raggiungere la sua estensione massima per lasciarlo andare di colpo. È il classico caso del "troppo tardi, troppo presto". Ora che è troppo tardi per attuare la soluzione migliore Giacomo vuole risolvere le cose troppo presto, con il rischio di perdere un'opportunità per la propria azienda oltre che il dipendente.

VADEMECUM 3

L'outplacement
A cura di Right Management

Edoardo Crisci propone a Rota di offrire a Petrale anche un servizio di outplacement. Si tratta di una soluzione vincente sia per l'azienda che per il dipendente, anche se in Italia è poco diffusa. Per illustrarla meglio ho realizzato questa breve intervista con alcuni consulenti di Right Management, società leader del settore.

Cos'è l'outplacement?
Le prime esperienze di outplacement (d'ora in poi otp), risalgono al 1910, in Inghilterra, per risolvere il problema della ricollocazione degli ufficiali e degli addetti diplomatici britannici in rientro dalla colonie che, una volta tornati a casa, si ritrovavano con una professionalità difficilmente spendibile. Storicamente l'otp nasce alla fine degli anni '60 negli USA: la NASA dopo lo stop al Progetto Apollo, si ritrovò con un consistente esubero di dipendenti e mise in atto, attraverso tecniche innovative, un piano per la riconversione professionale. In Europa inizia a diffondersi negli anni '80, in Gran Bretagna, a seguito del pesante ridimensionamento dell'industria siderurgica e mineraria di stato; il ricorso all'otp è massiccio, attraverso Centri di Formazione per riqualificare i lavoratori in base alle nuove competenze del mercato, accompagnando nella continuità di carriera dirigenti e quadri aziendali. In Italia sbarca nel 1986, è riservato ai Manager e resta poco utilizzato sino alla seconda metà degli anni '90, quando le trasformazioni dello scenario del lavoro e le crisi aziendali lo portano ad essere usato per progetti Individuali e Collettivi. Si è strutturato come una politica attiva del lavoro, che attraverso un servizio di supporto informativo, formativo e psicologico, consente alle persone, in uscita da un rapporto di lavoro, di facilitare la ricollocazione. A 30 anni dal suo

esordio rimane ancora poco utilizzato a causa delle caratteristiche del mercato del lavoro, del tessuto economico e del contesto legislativo che ha normato le società di otp solo nel 2003 (Legge Biagi), suggerendo un utilizzo del ricollocamento professionale in caso di licenziamento solo nel 2012 (Riforma Fornero), e non è stato ancora inserito nel Jobs Act. Tutto ciò in una "cultura del lavoro poco orientata" alla flessibilità e permeata da forti resistenze al cambiamento, con l'arroccamento nella difesa del posto di lavoro, piuttosto che nello sviluppo dell'Employability della persona, intesa come capacità di adattare la propria carriera ad eventi inattesi, quali il licenziamento.

Come funziona l'Outplacement?

Intendiamo per OUTPLACEMENT, il servizio che l'azienda datrice di lavoro offre ad un dipendente o ad un gruppo di dipendenti, da cui ha deciso di separarsi (out), attraverso il supporto di società specializzate che forniscono un insieme di tecniche e di mezzi, consigliando il candidato (il dipendente in uscita) nel suo percorso per trovare un'altra alternativa professionale (placement). La consulenza di otp è un processo strutturato in fasi, a ciascuna delle quali corrisponde una serie di attività.

Nella prima fase, **analisi personale e professionale**, si definisce l'Identità Professionale che spesso viene confusa con la posizione organizzativa ricoperta fino a quale momento. Il percorso di otp inizia quindi con una riflessione in merito alle proprie competenze, motivazioni, ed all'obiettivo professionale che s'intende raggiungere. Attraverso il Bilancio delle Competenze, si sviluppa la consapevolezza nella persona delle proprie risorse e potenzialità, al fine di poterle indirizzare verso l'attuazione della strategia più opportuna per la realizzazione del proprio progetto professionale. Nella seconda fase, **predisposizione degli strumenti di ricerca**, si elabora e predispone il piano di Self Marketing basato sulla redazione del curriculum, della lettera di presentazione, sulla preparazione ai colloqui di selezione, selezionando gli interlocutori ed i canali migliori. Una cura particolare viene data all'attività di networking, che la consulenza di otp insegna a predisporre ed alimentare.

Nella terza fase, attraverso la **Campagna di Marketing**, il candidato mette in pratica e verifica le consapevolezze e le tecniche acquisite nel corso del processo di coaching, dando il via al piano operativo per la ricerca di una nuova posizione lavorativa, attraverso i canali di ricerca che il candidato decide di attivare: risposta alle inserzioni sui siti internet specializzati nel matching domanda/offerta, invio del CV alle APL (agenzie per il lavoro), Società di Ricerca e Selezione, Head Hunters, Aziende Target, Networking.

La conclusione del processo di otp, fase di decisione, è caratterizzata dalla valutazione delle proposte di lavoro ottenute e della contrattazione sugli aspetti tecnici del nuovo contratto.

Quali sono i benefici per il dipendente in uscita?

La perdita del lavoro o la necessità di cambiarlo è un episodio rilevante nella vita di una persona che può tradursi in un vero e proprio trauma perché connesso ad un cambiamento permanente, indesiderato o imposto dall'ambiente, le cui implicazioni soggettive possono essere superiori alle capacità del soggetto di gestirle ed adeguarsi ad esse. La maggior parte dei licenziati vive una condizione di elevato stress, accompagnata da sensazioni negative, quali shock, ansia, depressione, impotenza, perdita di autostima, di fiducia in se stessi, timore di non riuscire a trovare un altro lavoro. È pertanto importante "elaborare il lutto della perdita del lavoro" sino al raggiungimento della fase di accettazione dell'evento, per consentire alle persone d'impegnarsi in modo adeguato nella ricerca di un'occupazione. Infatti se il lavoratore non attraversa tutto il processo, rimanendo bloccato alla fase della rabbia, può tendere a ricercare una posizione identica a quella di origine, per dimostrare a tutti, compreso a se stesso, che licenziarlo è stato un errore. Lo schema della curva del cambiamento illustra al meglio il percorso psicologico che il candidato deve compiere, supportato dal coach che lo segue, per essere in grado di lavorare sul conseguimento di un nuovo obiettivo professionale.

CURVA DEL CAMBIAMENTO

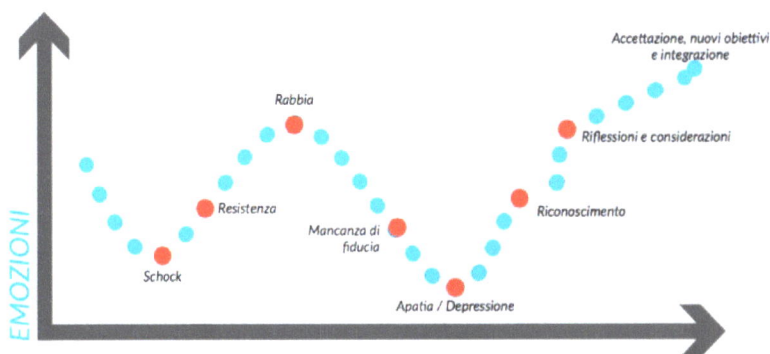

Appare chiaro, alla luce di quanto detto, che i maggiori benefici per il candidato sono:
-Supporto Costante
-Presa di Consapevolezza
-Miglior Gestione dello stress
-Riduzione del ricorso al Contenzioso
-Riduzione dei Tempi di Ricollocazione
-Giusta Ricollocazione

Quali sono i benefici per l'azienda?
I benefici per le aziende sono principalmente economici ma anche di immagine, perché chi rimane può in questo modo pensare che ci sia attenzione e investimento anche nel momento della fuoriuscita. Su questo punto è necessario sensibilizzare maggiormente i lavoratori in Italia, perché siano essi stessi a richiedere il servizio, qualora l'azienda non lo proponesse. Nella direzione di un più ampio utilizzo del

supporto alla ricollocazione probabilmente va il Jobs Act, anche se i termini e le specifiche sono ancora in via di definizione. In sintesi i principali benefici sono:

-Abbattimento dei costi
-Riduzione del contenzioso
-Clima aziendale favorevole
-Immagine aziendale più positiva

(Ringrazio la sede milanese di Right Management e in particolare il dott. Giampaolo Papadia per questo contributo).

Modello di lettera di convocazione in DTL

Alla Direzione Territoriale del Lavoro di Milano

E

A DIPENDENTE

Raccomandata a.r.

Oggetto: Comunicazione ex art. 7, Legge n. 604/1966 novellato dall'art. 1, comma 40, Legge n. 92/2012

Ai sensi e per gli effetti dell'art. 7, Legge n. 604/1966, così come modificato dall'art. 1, comma 40, Legge n. 92/2012 e dall'art. 7, comma 4, D.L. 28 giugno 2013, n. 76, convertito, con modificazioni, dalla Legge 9 agosto 2013, n. 99, la DITTA con sede in .... e Partita IVA................, in persona del suo legale rappresentante Sig. ...., settore aziendale servizi amministrativi CCNL COMMERCIO CONFCOMMERCIO, numero dei dipendenti 40 al 31/08/2014, comunica quanto segue.

DITTA è una società, che svolge la propria attività di vendita all'ingrosso di elettrodomestici e di prodotti tecnologici.

Il Sig. DIPENDENTE è stato assunto dalla Società in data 01/11/1998 e, attualmente, svolge mansioni di "impiegato livello quadro".

A seguito di una riorganizzazione interna delle attività, in particolare per la gestione dell'area della piccola distribuzione, dei costi e delle procedure operative atta a diminuire i costi fissi ed a migliorare i servizi, mediante l'implementazione dei riordini attraverso attività di call-center gestite esternamente e mediante sistemi di CRM, si manifesta la seguente necessità.

Infatti, la società DITTA, nel corso del 2014 ha posto in essere una riorganizzazione interna del reparto che non necessita più di personale che segua direttamente i punti vendita, previa esternalizzazione delle attività svolte anche dal Sig. DIPENDENTE.

Ciò premesso, in mancanza, allo stato, di altre posizioni lavorative che possano essere ricoperte dal DIPENDENTE in ragione delle sue caratteristiche professionali, con la presente si comunica alla Spett. le Direzione Territoriale del Lavoro in indirizzo e, per conoscenza, al medesimo Sig. DIPENDENTE, l'intenzione della Società di procedere alla risoluzione del rapporto di lavoro con questo ultimo in essere, per giustificato motivo oggettivo.

È doveroso sottolineare che proprio in un'ottica di conservazione del posto di lavoro e/o di ricollocazione nel mondo del lavoro del sig. DIPENDENTE, non ha trovato ulteriori posizioni disponibili. Allo stato quindi, la Società si trova nell'impossibilità di ipotizzare eventuali misure alternative al licenziamento, dichiarandosi peraltro sin da ora disponibile ad effettuare ogni più opportuna valutazione in merito.

Quanto sopra esposto e considerato, si chiede pertanto che la Direzione Territoriale del Lavoro adita voglia convocare le parti davanti a sé, al fine di esperire la procedura di cui al precitato art. 7, Legge n. 604/1966, testo vigente.

Distinti saluti

Il Legale Rappresentante

Dott._____

_____,_____

Capitolo 4

Primo Set

Se fossi un regista rappresenterei questo momento così: la telecamera riprende me davanti allo specchio mentre inserisco la cravatta nel colletto; poi l'inquadratura si sposta sulle mani di Giacomo riprese nell'atto di annodare la cravatta per passare poi su Petrale, l'antagonista, che davanti allo specchio indossa la giacca e si prepara per uscire. Questa volta però Petrale ha un aiutante e così l'ultima inquadratura è sulle spalle di un uomo che chiude la porta di casa ed esce: è il sindacalista. Tutti e quattro ci stiamo preparando all'appuntamento in DTL, l'ispettorato del lavoro.

Con oggi, comunque vada, Petrale verrà ufficialmente licenziato. Se accetta la nostra proposta economica il tutto si chiuderà, altrimenti gli verrà consegnata la lettera di licenziamento e dovremo aspettarci la causa in tribunale.

Io e Giacomo ci dobbiamo incontrare alle 9.30 direttamente in DTL. La convocazione è per le 10.00. Ho deciso che lo raggiungerò in moto, non voglio rischiare di rimanere imbottigliato nel traffico, anche perché so che se mi presentassi un minuto più tardi Giacomo me lo farebbe pesare. Lui vorrebbe ripassare la "lezione" e magari incontrare qualche referente di controparte per valutare la possibilità di risolvere la questione con una soluzione economica rapida ed indolore.

Con Giacomo abbiamo pianificato la trattativa: prima proposta di sei mensilità che poi aumentiamo fino a raggiungere un massimo di 11 mensilità. La nostra strategia è semplice. Se in una causa GRT SPA rischia una condanna economica corrispondente ad un importo fra le 12 e le 24 mensilità, noi proponiamo un importo leggermente sotto il rischio minimo.

Arrivo davanti alla DTL proprio mentre Giacomo sta componendo il mio numero di cellulare. Riconosco la sua proverbiale impazienza. Anche se lo vedo dal parcheggio rispondo ugualmente alla chiamata e nel frattempo mi avvicino.

"Ciao Edoardo, pronto per la battaglia?"

Non sono ancora trascorse ventiquattro ore dal nostro ultimo incontro in cui abbiamo definito la strategia e Giacomo sembra aver già dimenticato che questa è una fase interlocutoria e che è anche possibile che non si giunga ad un accordo. Per lui è qui che si giocherà la partita una volta per tutte.
Rispondo con un sorriso che vuole essere rassicurante. Chissà se Giacomo lo percepisce così?
Con il casco in un braccio e la documentazione nell'altro faccio strada e ci dirigiamo verso l'ufficio delle conciliazioni.
La DTL si presenta come un edificio bianco con ampie vetrate. Ha il tipico arredo da ufficio pubblico, mobili di colore beige, sedie di tessuto e plastica nere. È un ambiente freddo e distaccato, come tutte le persone che ci lavorano.
Ci dirigiamo alla reception dove un funzionario dallo sguardo assente ci indica la strada. Percorriamo tre stretti corridoi su cui si affacciano vari uffici per accedere ad un'area aperta su tre porte che conducono alle stanze 205 – 206 – 207, quelle deputate ad ospitare le conciliazioni.
L'atrio è affollato da avvocati, sindacalisti, datori di lavoro e lavoratori, ciascuno ben riconoscibile dallo stile proprio della categoria a cui appartiene. Sembrano, anzi sembriamo, quasi delle maschere della commedia dell'arte. Tutti con la propria divisa, in attesa del proprio turno. C'è chi è pronto a sfogare la propria rabbia con l'ennesimo litigio e chi invece desidera chiudere definitivamente i rapporti con la propria controparte.
Sulle pareti mobili intorno alle porte campeggiano tre liste, una per

ogni stanza, dove sono indicati gli orari delle convocazioni con nome delle aziende e cognome dei lavoratori. Ci hanno assegnato la stanza 207. Massimo Petrale è già arrivato ed è seduto accanto ad un uomo sulla sessantina dai capelli bianchi un po' arruffati. Indossa pantaloni beige, giacca a quadretti ed un paio di occhiali tondi con montatura metallica legati al collo da un cordino di colore blu. Anche i sindacalisti hanno la propria divisa. Imbraccia una cartellina di colore arancione con la scritta "Massimo Petrale – GRT spa" evidenziata. Ci avviciniamo e salutiamo.

Il sindacalista si presenta, mentre Petrale saluta me e guardando Giacomo dice: "noi due già ci conosciamo".

Cerco di attrarre l'attenzione del sindacalista per parlare con lui prima di entrare in aula e capire la loro disponibilità alla transazione, ma lui mi fa capire chiaramente che non ne ha alcuna intenzione. Mi volge le spalle e parla con Petrale.

Giacomo scalpita e mi lancia uno sguardo carico di "Allora, cosa stiamo aspettando?"

Qualcuno sembra aver accolto la sua richiesta. Proprio in quel momento la porta si apre ed un membro della commissione pronuncia il nome della società. Giacomo e il sindacalista si precipitano verso il commissario, che però è uscito solo per chiederci i documenti di identità. Si è appena concluso il tentativo programmato per le 9.30, in ritardo di un'ora, e il commissario ha pensato di prendere i dati per anticipare la scrittura dell'intestazione del verbale.

Petrale conserva l'atteggiamento controllato, quasi pacato, del primo incontro, anzi sembra quasi si senta a proprio agio in questa situazione.

Giacomo al contrario è un fascio di nervi. È un uomo molto determinato che ha superato molti momenti difficili con ottimismo e capacità di adattamento. Qui il risentimento e la poca confidenza con la situazione lo fanno sentire un pesce fuor d'acqua. Non è tranquillo perché non ha nulla sotto controllo. Lo conosco ormai abbastanza bene da poter interpretare quella tensione muscolare, associandovi il giusto stato d'animo. È anche infastidito dall'idea di "perdere" altro tempo prezioso per una questione che, a suo parere, non merita più la sua attenzione. Il caso Petrale nella sua mente è stato chiuso il giorno del nostro primo incontro. Il suo pensiero ormai è impegnato altrove, alla ricerca di nuove opportunità di business.

Quando viene di nuovo pronunciato il nome della GRT, Giacomo risponde come un soldato al comando "Attenti!" e si dirige con passo marziale verso l'ingresso dell'aula. Petrale ed il sindacalista lo precedono. Io li seguo chiudendo il gruppo.

Entriamo in una piccola stanza disadorna, occupata solo da un tavolo da riunioni, quattro sedie da una parte e tre dall'altra ed un computer. Il rappresentante del Ministero del Lavoro, nonché presidente della commissione, è un uomo sulla cinquantina, capello corto e nero, faccia tonda e fisico imbolsito. Il suo tono rassicurante e pacato contraddice la prima impressione di una persona dall'atteggiamento serioso e sbrigativo. Il funzionario seduto all'estrema destra della stanza di fronte al pc inizia a registrare il verbale con le notizie conosciute. A sinistra c'è un uomo dall'età non ben identificabile a causa delle calvizie e dell'espressione polemica ed accusatoria disegnata sul viso spigoloso. È il membro della commissione rappresentante dei lavoratori. C'è poi il rappresentante del sindacato dei datori di lavoro: impassibile e silenzioso. Forse sta aspettando che il collega sindacalista dica qualcosa per poi intervenire a favore della parte datoriale o forse no, sembra disinteressato e scorre la lista in attesa della fine della giornata.

Ci sediamo a partire dal lato sinistro del tavolo: Giacomo, io e il sindacalista centrali e in fondo il dipendente.

Per recuperare un po' di tempo, visto il ritardo accumulato, il presidente della commissione cerca di introdurre subito la questione senza ascoltare il motivo del licenziamento, ma chiedendoci se effettivamente il licenziamento sia l'unica ipotesi percorribile. Ci viene richiesta anche la possibilità di adibirlo a mansioni inferiori o diverse o l'opportunità di proporre un contratto part-time. Ovviamente noi rispondiamo che la struttura non ha ad oggi posizioni disponibili, così il presidente della commissione chiede se ci sono opportunità economiche per trovare una transazione.

Come concordato con Giacomo offro 6 mensilità.

Per la prima volta Petrale si scompone e scoppia in una fragorosa risata che viene prontamente spenta dal sindacalista che lo assiste. Non è quello il luogo per dimostrare spavalderia e sicurezza, anche se non ha la solennità di un'aula di tribunale.

"Non ritiene adeguata l'offerta, Sig. Petrale?" Chiede il presidente della commissione.

"Certo, ma cosa credono? Pensano di liberarsi di me con un'offerta caritatevole? Non mi vogliono? Che mi paghino profumatamente!"

Interviene il sindacalista di Petrale, mettendo una mano sul braccio del proprio assistito. "Vede Signor Presidente, il dipendente risponde in modo provocatorio perché sa bene che in realtà il licenziamento è diretto alla persona. Purtroppo ha subito una serie di atteggiamenti che hanno reso l'ambiente ostile nei suoi confronti e quindi…"

Il presidente della Commissione interrompe il sindacalista con un rapido "ok, ho capito".

Io non ho il tempo nemmeno di rispondere e difendere Giacomo che il presidente riprende chiedendo a Petrale quale sia la cifra richiesta.

"100.000 €" è la risposta lapidaria di Petrale.

Il divario delle posizioni è tale che il presidente della commissione nemmeno si preoccupa di chiedere una giustificazione logica della cifra proposta. Ci rivolge uno sguardo veloce solo per aver conferma che non vi sia spazio per una trattativa e si china sulla tastiera del computer per emettere il primo verbale di mancato accordo della giornata. Di fronte a tale disparità nessuno dei due sindacalisti del Ministero se la sente di abbozzare la ben che minima proposta di avvicinamento alla transazione. Ormai il silenzio pervade la stanza e l'unico rumore percepibile è quello della tastiera. Il sindacalista di Petrale non smuove lo sguardo dalla commissione ed ha l'aria combattiva come nei tempi in cui era in prima fila agli scioperi ed alle manifestazioni.

Sul viso di Petrale c'è il sorriso di chi già pregusta la rivincita. L'irritazione di Giacomo è cresciuta ed è mista all'incredulità per l'esorbitante richiesta di Petrale. Sebbene abbia continuato a ripetere che Petrale non avrebbe mai accettato la nostra proposta, Giacomo si aspettava di chiudere la faccenda già oggi.

Cerca di contenere la proprie emozioni perché non vuole dare alcuna soddisfazione a Petrale e mostrare di aver accusato il colpo. Firma il verbale di mancato accordo ed esce dall'aula senza proferire parola.

All'uscita, io e Giacomo ci diamo appuntamento in azienda. Al nostro arrivo Francesca chiede subito come è andata. Giacomo risponde consegnandole il verbale di mancato accordo e poi le si rivolge dicendo con tono dubbioso: "Vediamo". E senza aggiungere nient'altro si chiude nel suo ufficio. Il suo bisogno di stare solo e di avere del tempo per sbollire è comprensibile.

Con Francesca predispongo la lettera di cessazione del rapporto di lavoro da spedire per raccomandata a Petrale, che non rientra in ufficio. La lettera ricalca la richiesta di convocazione, almeno nei contenuti delle motivazioni del licenziamento, con l'aggiunta della parte del preavviso rimanente e che verrà regolarmente pagato da Rota, che non vuole più vedere Petrale. Stampata e spedita la lettera me ne torno in ufficio.

Lo scontro finale è rimandato su un campo più impervio e difficile dove avremo bisogno di un altro alleato, l'avvocato.

VADEMECUM 4

La DTL: una procedura che non ci sarà più?

La procedura descritta nel racconto è il tentativo obbligatorio di conciliazione previsto per i licenziamento per giustificato motivo oggettivo. È stata introdotta dalla Legge 28 giugno 2012, n° 92 (c.d. Riforma Fornero) ed è una procedura "preliminare" al licenziamento effettivo. In pratica si preannuncia l'intenzione di licenziamento, chiedendo di essere convocati in DTL (Direzione Territoriale del Lavoro) per trovare soluzioni alternative o bonarie. L'obiettivo della procedura è di ridurre il ricorso in Tribunale, cercando soluzioni alternative al licenziamento o transazioni economiche. Possono ricorrere a tale tentativo di conciliazione le aziende con più di 15 dipendenti in caso di licenziamento per giustificato motivo oggettivo di persone assunte prima dell'entrata in vigore del decreto sulle tutele crescenti. Per tutti gli assunti successivamente il 7 marzo 2015 questa procedura non esisterà più.

Come descritto in precedenza il licenziamento per giustificato motivo oggettivo è determinato da ragioni inerenti l'attività produttiva, l'organizzazione del lavoro ed il regolare funzionamento di essa. Rientrano dunque nel GMO quei licenziamenti legati all'attività produttiva e all'organizzazione del lavoro (soppressione del posto di lavoro, riassetto dell'organizzazione aziendale, esternalizzazione di alcuni processi e rami, cessazione dell'attività ecc.), nonché al regolare funzionamento dell'organizzazione del lavoro (inidoneità sopravvenuta allo svolgimento delle mansioni, impossibilità della prestazione derivante dal provvedimento dell'autorità – quali sospensione del porto d'armi, custodia cautelare in carcere o arresti domiciliari, ecc.).

Non rientra nella procedura, pur essendo anch'esso motivo per un licenziamento per GMO, il superamento del periodo di comporto per malattia o infortunio, soggetto ad una disciplina specifica indicata dall'art. 2110 c.c. In relazione a tale tipologia di licenziamento, e proprio in ragione della specialità della disciplina applicata, non è obbligatoria la nuova procedura preventiva.

Come funziona la procedura disciplinata dall'art.7 della legge 604/66 modificata dalla Riforma Fornero (comma 40-41, art. 1) Il datore di lavoro invia al dipendente e alla Direzione Territoriale del Lavoro una richiesta di incontro presso la DTL stessa.

In tale comunicazione il datore di lavoro deve dichiarare l'intenzione di procedere al licenziamento per GMO, indicarne i motivi e indicare le eventuali misure di assistenza alla ricollocazione del lavoratore interessato (repechage anche in altre società del gruppo, trasferimento, distacco, outplacement, ecc.).

La Direzione Territoriale, nel termine perentorio di sette giorni dalla richiesta, convoca le parti. Salvo rinvii giustificati dalla possibilità concreta di trovare una soluzione conciliativa, la procedura si esaurisce entro venti giorni dalla richiesta di convocazione. Se entro tale data la DTL non convoca le parti, la procedura è esperita ed il datore di lavoro può procedere con il licenziamento dalla data di inizio della procedura.

È interessante sottolineare che una volta consegnata la richiesta di convocazione al lavoratore ed inviata alla DTL, anche qualora il dipendente dovesse assentarsi dal lavoro per qualunque motivazione con diritto alla conservazione del posto di lavoro (es. malattia) la procedura prosegue ed è possibile effettuare comunque il licenziamento. Durante l'incontro la DTL procede unitamente alle parti ad "esaminare anche soluzioni alternative al recesso…"; tale indicazione porta a concludere che la sede DTL dovrebbe essere privilegiata non solo (e non tanto) per l'individuazione di una incentivazione economica per la risoluzione, ma soprattutto per ricercare soluzioni conservative del rapporto.

Se la conciliazione riesce e prevede la risoluzione consensuale del rapporto, la norma stabilisce il diritto all'erogazione del trattamento di

98

ASPI o NASPI.

Se la conciliazione fallisce si può procedere al licenziamento che produce effetto dal giorno della comunicazione con cui il procedimento è stato avviato, salvo il diritto del lavoratore al preavviso o alla relativa indennità sostitutiva.

Conseguenze della mancata attivazione della procedura
In caso di omissione della procedura, la legge prevede un'indennità risarcitoria molto limitata e compresa tra un minimo di sei mensilità ed un massimo di dodici mensilità (v. art. 18, comma 6° nuovo testo, come modificato da art. 1, comma 41, L. 92/2012). Ciò a meno che il giudice, sulla base della domanda del lavoratore, accerti che vi è anche un difetto di giustificazione del licenziamento, nel qual caso applica la tutela reintegratoria e/o risarcitoria "ordinaria" (sempre come risultante dalla Riforma).

Con l'introduzione dei contratti a tutele crescenti così come previsti dal JOBS ACT e normati dal Decreto del 4 marzo 2015 n. 23, questa procedura sparisce per tutte le assunzioni a tempo indeterminato a partire dal 7 marzo 2015 (data ufficiale di entrata in vigore del decreto.). In realtà la procedura sarà ancora in vigore per tutti i licenziamenti per GMO riguardanti i contratti a tempo indeterminato sottoscritti prima del 7 marzo 2015. Questa procedura convivrà quindi con la nuova ancora per molto tempo.

La DTL e i nuovi contratti a tutele crescenti
Messa in soffitta (almeno in parte) la procedura di conciliazione preventiva sopradescritta, ecco che la DTL, e non solo, viene investita con il JOBS ACT di un nuovo ruolo per la conciliazione. L'art. 6 del Decreto legislativo 4 marzo 2015 n. 23 introduce una nuova procedura che prevede che per tutti i contratti a tutele crescenti, in caso di licenziamento, per qualsiasi motivazione, quindi anche giustificato motivo soggettivo, il datore di lavoro può offrire al lavoratore, entro 60 giorni dalla ricezione da parte del dipendente della lettera di licen-

ziamento, un importo pari ad 1 mensilità per ogni anno di anzianità di servizio (quindi presso l'azienda) con un minimo di 2 mensilità ed un massimo di 18. Tale importo, se accettato dal dipendente, è esente da qualunque tassazione e quindi più vantaggioso per il dipendente. Per proporre tale importo il datore di lavoro deve depositare in una delle sedi indicate dall'articolo 2113 e dall'articolo del D.lgs 10 settembre 2003 n. 76, quindi anche la DTL, un assegno circolare a favore del dipendente. L'accettazione di tale importo da parte del dipendente comporta l'estinzione del rapporto di lavoro alla data del licenziamento e la rinuncia all'impugnazione del licenziamento da parte del lavoratore.

Tale conciliazione però non estingue eventuali ulteriori pretese del lavoratore relative al rapporto intercorso (si pensi a differenze retributive, danni per mobbing o per demansionamento, straordinari non corrisposti etc.) che generalmente sono inserite nelle conciliazioni, così da chiudere ogni pretesa in modo definitivo. Per poter tacitare anche queste pendenze il datore di lavoro può offrire ulteriori somme a favore del dipendente, che però verrebbero assoggettate a tassazione (generalmente separata, ovvero quella applicata per il calcolo del TFR) come previsto dalle norme del T.U.

Capitolo 5

"Avvocato chiama avvocato"

È un pigro venerdì pomeriggio di fine febbraio. I clienti si affrettano a chiudere le ultime pratiche, rimandando a lunedì le questioni più complesse. Tutti, o quasi, hanno in mente solo il week-end. Sono ormai passate abbondantemente le 18.00. Il clima è mite, ormai l'inverno sta terminando e, se devo dire la verità, non abbiamo proprio patito un grande freddo nei mesi precedenti.

Chiara e Beatrice, le mie impiegate, sono uscite da poco e in ufficio regna il silenzio. Mi appoggio con la schiena alla sedia, spostandomi un po' indietro sullo schienale e girandomi di lato per concedermi finalmente un po' di relax. Per qualche attimo la mia mente si svuota da pratiche, clienti, scadenze per lasciar spazio a pensieri più leggeri.

Oggi devo andare a ritirare la mia tavola nuova che vorrei inaugurare in vacanza i primi giorni di agosto. Ho già raggiunto con largo anticipo il mio obiettivo vacanza con mia moglie e quest'anno la destinazione la decido io: Fuerteventura. La scelta mi costerà cara, ma questa volta non ci sono scuse, in acqua dalla mattina fino a sera.

Mentre una parte della mia mente è ancora assorta in simili pensieri, l'altra parte comanda al mio corpo di eseguire un'azione quasi automatica. Impugno il mouse e clicco sulla letterina per verificare se ci sono nuove e-mail prima di chiudere e tornarmene a casa.

C'è una nuova e-mail di Francesca.

Oggetto: FAX Studio Legale

Gentile dott. Crisci,
come sta? Spero bene. Abbiamo ricevuto il fax dello studio legale di Petrale che trova in allegato.
Il dott. Rota aspetta una Sua chiamata già domani in prima mattinata.
Colgo l'occasione per augurarle una buona serata.

Francesca Foglia

Francesca non è proprio l'assistente che liquida con formule asettiche del tipo: "In allegato il fax in oggetto. Cordialmente."

Dopo il primo set in DTL ho incontrato Giacomo solo saltuariamente al circolo del tennis e abbiamo entrambi evitato di toccare l'argomento "Petrale". Mi ha solo accennato al fatto che da quando non c'è più "quello là" (fa anche fatica a pronunciare il nome) ora in GRT l'ambiente di lavoro è decisamente migliorato. Niente più mugugni e lamentele. Il clima sembra essere tornato quello dei tempi d'oro.
Mi chiedo se regni veramente uno stato di armonia e serenità o si tratti piuttosto di uno stato di paura. Credo che la vera cartina al tornasole in questo caso ce l'abbia Francesca che, per sensibilità personale o per la posizione strategica che ricopre in azienda, certamente ha una visione più chiara e oggettiva della realtà.

Rispondo alla mail di Francesca e poi apro l'allegato.

"Scrivo per nome e per conto di Massimo Petrale, il quale si è rivolto al nostro Studio per la tutela dei propri diritti in relazione al rapporto di lavoro subordinato intercorso sino alla data del 10.12.2014.

Con la presente si impugna formalmente ad ogni effetto di legge e di contratto il provvedimento di licenziamento comunicato allo stesso con raccomandata del 21.12.2014 ritenendo lo stesso illegittimo.

In caso di spontanea revoca del provvedimento il sig. Massimo Petrale si rende fin da ora disponibile per l'immediata ripresa dell'attività lavorativa con riconoscimento al lavoratore delle retribuzioni e contributi previdenziali non percepiti dal licenziamento illegittimo sino alla data di ripresa del servizio."

Avv. Giannantonio Colombo

Come previsto Petrale ha deciso di far causa.

Anche se a prima vista le lettere da parte di avvocati possono destare preoccupazione, in realtà spesso si rivelano d'aiuto poiché permettono di identificare un interlocutore di controparte "non interessato". I dipendenti, come i datori di lavoro, agiscono "di pancia", assumendo posizioni molto agguerrite e ciò, il più delle volte, vanifica ogni tentativo di dialogo o confronto. Ognuno pensa di aver subito un torto e, spinto da un rancore che cresce di giorno in giorno, non vuole cedere. Tutto questo crea una sorta di diritto acquisito che aumenta il valore percepito della causa, accrescendo le distanze economiche tra i due litiganti. In teoria avere come interlocutore un legale che spieghi al cliente i rischi che anche lui potrebbe correre in una causa può aiutare a trovare una soluzione stragiudiziale. In pratica non sarà così.

***

Giovedì, ore 9.00.
La telefonata a Giacomo è al primo posto nella mia to do list della
giornata.

"Ciao Giacomo come va?"

"Bene grazie, immagino tu abbia ricevuto la mail di Francesca."

"Sì, ho letto la lettera dell'avvocato di Petrale e ti chiamo per chiederti
se hai già un legale di fiducia.
Credo che la tattica del suo legale sia quella di costituirsi in giudizio
(tanto, spesso le spese legali sono a carico del datore di lavoro anche
per la controparte), vedere quale interpretazione iniziale possa fornire
il giudice e, di conseguenza, valutare eventuali nostre nuove offerte.
So già come funziona in questi casi: io proverò a contattarlo più volte
e lui si rifiuterà di parlarmi.
Generalmente in queste situazioni avvocato chiama avvocato, ovvero
difficilmente un avvocato risponde ad un altro professionista che non
sia un suo pari. Con l'esperienza ho scoperto che addirittura tra di loro
si possono inviare e-mail riservate non riproducibili in giudizio, nelle
quali trattano e mercanteggiano gli importi o la documentazione riser-
vata. Non mi resta che passare la pratica ad un avvocato, da assistere
per i conteggi e per completare la procedura."

"No, occupatene tu. Chiama pure qualcuno di cui ti fidi."

"Ok, dobbiamo comunque aspettare che Petrale si costituisca. Ad
oggi ha solo manifestato l'intenzione di fare causa ma non l'ha ancora
fatta."

"Figurati, non aspetta altro! Farà la causa e speriamo bene perché..."

So dove vuole andare a parare: non vuole la reintegra e vuole spendere poco. Così mi affretto a concludere la telefonata con una frase che fa capire a Giacomo che "sono sul pezzo".

È venuto il momento di chiamare in campo Michele, il mio esperto giuslavorista. L'ho conosciuto per una pratica di affitto di un ramo d'azienda e in quell'occasione era stato assoldato per farmi "il culo". L'espressione è colorita, ma spiega in modo perfetto la missione di Michele. Ha vivisezionato ogni contratto da me predisposto per il mio cliente, fatto verificare i conteggi ed è intervenuto in modo molto risoluto nella trattativa per il trasferimento dei dipendenti. Tuttavia ci siamo piaciuti fin da subito, entrambi abbiamo testato le nostre competenze ed ogni incontro si trasformava in una sana competizione in cui abbiamo appreso qualcosa di nuovo l'uno dall'altro. La vicenda si è conclusa con una grossa risata e una birra al pub davanti all'ennesima disfatta calcistica della nostra squadra del cuore. Tanta è la fortuna che il nostro binomio ha realizzato in ambito lavorativo, tanta è la sfortuna che portiamo alla nostra squadra, specialmente quando ci ritroviamo per vedere la partita insieme. Il mercoledì di coppa prolunghiamo la nostra attività in studio per poi dirigerci al mitico pub seguendo sempre gli stessi riti, stesse pizze ordinate e stessi posti prenotati. In quelle occasioni non parliamo mai di lavoro, anzi, devo ammettere che in quei casi la giornata lavorativa finisce alle 16.00. Tutto il resto è preparazione alla partita. Quando si tratta della nostra squadra del cuore parliamo in prima persona come se anche noi avessimo un ruolo in campo. Di quelle serate ricordo sempre un clima molto freddo, perché in primavera ci sono gli ultimi turni del torneo di coppa, quarti, semifinali e finali, ma purtroppo quelle gioie spettano ad altri tifosi, a noi tocca tornare a guardare quali alternative offrono i programmi televisivi.

Escluse le serate calcistiche, Michele rappresenta fedelmente lo stereotipo dell'avvocato milanese, molto vicino all'abbigliamento della City. Indossa sempre abiti sartoriali grigi, cravatta monocromatica e scarpe nere. "No brown in town" mi ripete in continuazione, nel rispetto di ogni canone di eleganza previsto dalla City, quella vera e dello stile british, il suo preferito. Michele ha da poco superato la quarantina ed è un avvocato dal grande avvenire. Lavora in uno studio famoso di Milano specializzato in pratiche di lavoro dove ha bruciato le tappe. Parla inglese da fare invidia e conosce la materia come un veterano. L'unico neo che lo accomuna agli altri avvocati è che, abituato a difendersi, cerca sempre di mettere in guardia l'imprenditore sui rischi, quasi a scoraggiarlo nella scelta che ormai ha già fatto. Michele è molto freddo, o meglio, lucido nel descrivere la situazione, nello spiegare i pro ed i contro, nonché nel vedere i rischi che una causa potrebbe comportare.

Conosce già il caso Rota perché mi sono confrontato con lui sulla scelta della tipologia di licenziamento. In queste situazioni la pratica va comunque preparata fin dall'inizio con uno sguardo rivolto ad una potenziale causa. È una scelta che ha sempre dato buoni frutti e mi ha permesso di avere un'impostazione molto più formale e precisa.

***

È giunto il giorno dell'incontro con Giacomo e Michele.

Quando lasciamo la città il cielo è azzurro, ma chiazzato da nuvole grigie che di tanto in tanto nascondono il sole. Non è ben chiaro in queste giornate se volgerà al bello o pioverà.

Nel tratto di strada che ci porta alla GRT io e Michele discutiamo del caso.

In vista dell'incontro, Michele ha tentato l'approccio con l'avvocato di Petrale che ha risposto in modo secco e perentorio che la posta richiesta per evitare la causa è di ben 100.000 €. Sostiene di avere in mano una documentazione per una cifra ben superiore e non ha alcuna intenzione di scendere al di sotto dei 100 mila. Durante la telefonata ha ripetuto più volte questa frase: "Il mio cliente ha dato l'anima per l'azienda ed è stato trattato veramente male".

Michele, fedele al proprio stile, non ha risposto ed educatamente si è accomiatato, dal momento che l'importo richiesto è talmente importante da non lasciare spazio ad ulteriori approcci.

Non riesco ancora a capacitarmi della richiesta di Petrale e cerco di immaginare quali prove abbia in mano per giustificare una richiesta così importante. Ho la certezza di aver analizzato tutti i calcoli e le ipotesi a me note e non c'è possibilità di raggiungere una cifra così elevata.

Sinceramente sono un po' preoccupato, non tanto per il lavoro svolto o per la scelta del licenziamento, ma per il risultato e soprattutto per l'umore di Giacomo.

Al nostro arrivo veniamo accolti da Francesca che ci conduce nella sala riunioni dove ci attende Giacomo. Dopo le presentazioni di rito ci sediamo. Michele estrae dalla sua cartellina un quaderno grosso e nero ed inizia a porre domande per raccogliere le informazioni necessarie per predisporre la difesa.

Giacomo è visibilmente infastidito dall'interrogatorio. E non ha ancora appreso la cattiva notizia. Tocca a me l'ingrato compito. Quando rivelo l'importo della somma richiesta, Giacomo sbarra gli occhi e lancia un'occhiata preoccupata a Francesca, che per un attimo interrompe la scrittura.

Con il suo "legalese" Michele non contribuisce a distendere gli animi, anzi, gela l'ambiente.

Probabilmente ora Giacomo immagina uno scenario tragico e rischi che, durante l'atto di coraggio del licenziamento, non aveva ben ponderato. Sono un po' meno tranquillo anch'io dal momento che ho una reputazione e vorrei mantenerla. Non vorrei rientrare nel meccanismo del flirt-separazione e passare per un venditore di fumo.

Cerco di dimostrare, documentazione alla mano, che in nessun caso i conteggi svolti giustificano la cifra richiesta dalla controparte, ma capisco che Giacomo non è nell'animo di ascoltare e non saprei come tranquillizzarlo. Mentre ci autorizza a procedere per predisporre la risposta alla causa, il suo tono esprime la rassegnazione tipica di chi sente di non avere alternative o vie di scampo.

Saliamo in macchina, guardo Michele e a quel punto non riesco più a trattenermi:

"Ma sei matto!"

"Perché? – risponde lui senza scomporsi – credo di aver analizzato la situazione. Ora abbiamo i primi elementi per poter valutare il tutto."

"Sì certo, ma non puoi fare del terrorismo psicologico ad un nostro cliente! Non chiedo minore professionalità, ma devi anche comprendere che l'umore è importante. Mi ripeti sempre che non esistono cause vinte in partenza per nessuno e tu me lo spaventi così?"

"Io ho detto tutti i rischi possibili, così che lui non possa non essere al corrente e rinfacciarci alcunché in futuro."

"Certo, ora abbiamo le spalle coperte, peccato che potrebbe anche non presentarsi un'opportunità per farci rinfacciare qualcosa. Potrebbe anche decidere di cercare la soluzione meno onerosa e magari un nuovo consulente!
Non dico di non affrontare le problematiche ma i modi possono essere un po' diversi."

"Si ma poi in causa ci vado io!"

"Certo a me non è concesso, altrimenti..."

"E comunque meglio sorpresi che delusi"

"Va bene, la prossima volta fai parlare me e mangia meno baci Perugina, così eviti anche queste pillole di saggezza."

Poi tra noi cala il silenzio che ci accompagna per tutto il viaggio di ritorno.
Alzo leggermente il volume dell'autoradio. C'è un programma molto dialogato così che la mia mente si distrae nel seguire i discorsi del DJ. Intanto Michele ne approfitta per leggere le email ricevute in mattinata.
Nessuno di noi riceve telefonate fino alla fermata della metro dove devo lasciare Michele. Poco prima di scendere dall'auto il suo telefono squilla e così mi saluta velocemente facendomi cenno "ci sentiamo domani". In momenti come questi due amici non hanno bisogno di spiegazioni o chiarimenti. So che ci sentiremo domani ed entrambi avremo "dimenticato" le divergenze di oggi.
Ciò che mi preoccupa di più è l'umore di Giacomo.

**

Lascio passare qualche giorno e con una banale scusa mi incontro nuovamente con Giacomo per capire il suo stato d'animo e cercare un modo per aiutarlo ad affrontare la nuova sfida. Il suo umore è decisamente migliore di quanto mi aspettassi. Mi ribadisce la più totale fiducia e mi conferma che comunque era una scelta da fare, anzi probabilmente la scelta è arrivata fin troppo in ritardo.
Paradossalmente è lui ad infondermi nuova forza e sicurezza. Ribadisco che la situazione va analizzata oggettivamente, che non sarà una passeggiata ma confermo che con Michele faremo tutto il possibile per raggiungere il risultato sperato. Giacomo ne è convinto. Nonostante tutto credo che abbia riconosciuto ed apprezzato la professionalità di Michele.

Ora che abbiamo nuovamente chiarito ogni dubbio non ci resta che aspettare. Petrale ha ben 180 giorni, un tempo abbastanza lungo, per depositare la causa in tribunale. Lui però anticipa i tempi, come se avesse calcolato tutto per far sì che la chiamata in causa arrivi i primi giorni di settembre, al rientro dalle vacanze, rovinandone così l'effetto benefico.

L'atto di citazione in causa in Tribunale ci viene prontamente inoltrato da Francesca insieme alla delega a presentarci in cancelleria del Tribunale per verificare tutta la documentazione allegata, utile a dimostrare ogni pretesa del dipendente.

Io e Michele passiamo in rassegna tutte le recriminazioni nel tentativo di smontarle una ad una, ma scopriamo alcuni dettagli del rapporto tra Petrale e Rota che non conoscevamo e siamo costretti a chiedere un incontro con Giacomo.

Supportato da altri due collaboratori che ha chiamato come testimoni insieme a Francesca, Giacomo ribatte colpo su colpo a quanto descritto nella memoria. Sembra quasi felice di contestualizzare ogni accusa e si convince sempre di più di aver ragione.

Questa volta non devo rassicurarlo, anzi, cerco di mitigare il suo entusiasmo. Per questo rubo la massima di Michele: "non esistono cause vinte in partenza e comunque meglio sorpresi che delusi". Michele mi lancia un'occhiataccia e sorride con l'angolo delle labbra all'insù. "Sei una merda!" vorrebbe dirmi, ma non può. Io contraccambio con l'espressione di chi la sa lunga e rispondo telepaticamente: "mi dispiace, ma la frase era quella giusta al momento giusto" e gli strizzo l'occhio.

VADEMECUM 5

Dall'innamoramento alla separazione professionale

Fra qualche anno potremmo valutare come il Jobs Act abbia modificato le statistiche nazionali ma i dati del Governo per il 2012 ci dicono che su 412.563 cessazioni di rapporto di lavoro per causa datoriale, escludendo le cause di cessazione attività o risoluzione consensuale, ben 336.941 sono licenziamenti. Sempre nel 2012, considerando i due tribunali di Roma e Milano, si scopre che nel 60% dei casi le liti terminano con una conciliazione; nel primo semestre 2014 i dati delle pratiche di licenziamento economico terminate e concluse con conciliazione presso le DTL sono 4310 su 8047, anche qui si oscilla tra il 50% ed il 60% dei casi. I numeri non comprendono eventuali ulteriori accordi transattivi nonché le conciliazioni stragiudiziali in sede sindacale e ci dicono che molto spesso nelle cause di lavoro non si arriva a definire la ragione, ma si cerca sempre un riconoscimento economico.

Questi licenziamenti sono solo in parte figli della crisi economica congiunturale degli ultimi anni.

In molti casi, come ho già detto, sono l'effetto di crisi relazionali più che economiche, come nel caso di Rota e Petrale.

In un articolo pubblicato sull'Harward Business Review, Massimo Miletti ha ben descritto ciò che è accaduto nel caso di Rota e Petrale e in molti altri casi simili.

"In casa nostra – scrive Miletti – *gli imprenditori ed i manager si sfiorano, si studiano, si sposano, si amano, si odiano e si separano. I colloqui rappresentano sempre una prima fase che sembra spesso un fidanzamento. Chi parla di più è l'imprenditore, intento a glorificare le proprie imprese e la grandezza dell'azienda di cui è a capo; il candidato, che dovrebbe essere il vero protagonista del colloquio, lascia tutto al proprio aspetto esteriore, cerca di carpire qualche notizia dall'imprenditore per poi riutilizzarla e far colpo su di lui e non dice nulla di più. La propria fama ha preceduto il candidato per il tramite del CV, due o tre fogli di*

carta ne spiegano le gesta, le ambizioni ed i sogni, letti ed interpretati da chi, l'imprenditore, probabilmente non ne ha mai scritto uno in vita sua, ma che, dotato di sesto senso per tutto, è sicuro di non sbagliare scelta anche questa volta. Ci si è flirtati e ci si piace.

Arriva così il giorno del contratto che sancisce il "matrimonio tra le parti", ma dopo poco o molto tempo ecco la separazione, quasi sempre inevitabile, quasi mai preannunciata e molto spesso, mal preparata".

Il guaio è che queste separazioni hanno dei costi spesso anche considerevoli, sia sul piano economico che sul piano emotivo. Nel prossimo capitolo troverete un'infografica che li riepiloga tutti e vedremo che se i costi economici sono in gran parte calcolabili e prevedibili, quelli emotivi sfuggono ad ogni previsione e hanno una portata superiore agli economici perché spesso coinvolgono più persone (l'imprenditore, il dipendente e chi resta in azienda) e a lungo andare possono anche avere ripercussioni anche sul piano economico.

Troppo spesso i colloqui in azienda vengono condotti di pancia più che di testa. Con ciò non intendo svalutare l'intuito dell'imprenditore, che spesso ci azzecca, ma se, oltre all'intuito, si affidasse anche a strumenti più oggettivi ridurrebbe il margine di rischio. Uno di questi strumenti è, ad esempio, la job description di cui parlerò nell'ultimo vademecum. Come vedremo è uno strumento utile in fase di selezione, di gestione e, in ultima analisi, anche in caso di licenziamento.

Se dalla selezione si passa poi alla gestione del personale, molto spesso nelle piccole realtà o in realtà ancora ancorate ai vecchi modelli di business ci si trova a lavorare secondo procedure non codificate, né tanto meno scritte e si opera secondo abitudini. Il rapporto idilliaco iniziale porta, di conseguenza, a svolgere attività anche extra senza che vi sia una precisa regolamentazione. Da entrambe le parti si creano così aspettative diverse, che a lungo andare entrano in collisione e si arriva al conflitto vero e proprio.

Il lavoratore con le idee più chiare circa il proprio ruolo in azienda è più in grado di valutarsi, correggersi e dirigere il proprio lavoro lungo la direzione degli obiettivi aziendali.

In questo senso, la job description consente di fare maggiore chiarezza nei rapporti tra datore di lavoro e lavoratore. Lungi dall'essere uno strumento di ingessatura, la job description può essere utile anche per dare un senso al lavoro delle persone. Non è tanto il premio o l'aumento in termini economici ciò che può gratificare veramente le persone, quanto il senso del proprio posto nel mondo e il contributo che possono offrire in azienda.

Capitolo 6

Il Giorno del Giudizio

Manca un giorno all'udienza. Per quanto mi riguarda ho fatto tutto ciò che competeva al mio ruolo. La mia funzione sarà solo di supporto, ma non riesco a non pensare al possibile esito della causa e agli effetti che questa avrà sui protagonisti. Per fortuna le carte del meteo danno venti di maestrale ed un'intensa mareggiata. Questa informazione contiene due indizi importanti: il brutto tempo verrà spazzato via dal vento e ci sono ottime condizioni per "rinfrescarsi" le idee su una bella tavola da surf.

Alle 5 del mattino abbasso i sedili della macchina, carico la tavola e parto in direzione Levanto con l'obiettivo di rientrare in tarda mattina con le idee chiare, stanco al punto da non pensare più troppo alla causa e con la speranza che il sole dopo la tempesta sia di buon auspicio per la nostra vicenda.

Generalmente la Liguria è popolata da turisti di età avanzata, difficilmente paragonabili all'immagine del surfista californiano a cui ci hanno abituato i film. Nei giorni di mareggiata, però, il grande parcheggio sulla baia di Levanto si trasforma in un piccolo campeggio dove è facile trovare furgoni o auto in cui ragazzi ed uomini di mezza età hanno trascorso la notte per essere pronti ad entrare in mare appena le condizioni lo permettano, sempre in costume ed infradito, con le mute che svolazzano come bandiere sul portellone o appoggiate alla ringhiera della strada. Con la prima luce dell'alba li vedi tutti intenti a prepararsi, guardare il mare, il picco, e a ragionare sul punto che di lì a poco raggiungeranno per poi schierarsi con le mute nere in mezzo al mare. Arrivando dalla strada si scorgono agglomerati di puntini neri lungo la stessa linea: sono persone con lo sguardo rivolto verso l'orizzonte in cerca della propria onda, sedute a cavalcioni sulla tavola, il cui unico riconoscimento è la punta che esce dall'acqua. Sembrano tutti uguali, tutti schierati e determinati: è l'esercito del surf! Nulla a che vedere con lo stereotipo del surfista giovane e bello, spesso fannullone e ribelle. In realtà, c'è di tutto: dai ragazzi del posto che lì sono nati e non hanno grosse alternative sportive, a giovani o meno giovani, manager, commercialisti e… consulenti del lavoro ;) che si divertono per qualche ora.

In Liguria molto spesso si surfa in condizioni meteo di pioggia e soprattutto con il freddo invernale o in autunno. Difficilmente ci sono mareggiate accettabili nel periodo estivo. Insomma questo non è uno sport per mollaccioni. Ci sono poche regole, ma è fondamentale il rispetto per il mare. Come in tutti gli sport estremi è necessario essere preparati, avere una buona conoscenza della situazione, che cambia di volta in volta, e non bisogna mai avere la presunzione di poter dominare gli eventi, ma solo assecondarli e farsi trasportare, gustando quello che la natura può mettere a disposizione se si cerca di diventare tutt'uno con essa.

In fondo, a pensarci bene, domani dovrò affrontare una situazione simile: un elemento esterno, il giudice, dovrà risolvere il caso di fronte a due parti che hanno messo in atto tutto il proprio sapere per raggiungere la ragione, ma l'esito è una conseguenza della legge e di interpretazioni. Il risultato non è mai certo né tanto meno controllabile.

Mentre mi preparo svuoto la mente anche da questo pensiero per concentrarmi sul momento della remata e del take off, tutto il resto ne è conseguenza, ed entro in acqua. Raggiungo la line up, saluto chi mi sta vicino come è consuetudine fare tra surfisti ed aspetto il mio turno. Oggi le onde sono molto belle, arrivano sincronizzate, a gruppi di tre o quattro, si alzano verso la nostra zona e quando raggiungono il picco di un metro e mezzo rompono con schiuma da una parte ed onda che si srotola verso destra. Devo iniziare a remare sulla tavola proprio un secondo prima di quando la schiuma si rompe e scappare dalla schiuma lungo la corsia di destra fino alla fine dell'onda. È arrivato il mio turno, punto la tavola verso riva ed inizio a remare con le braccia cercando di spostare più acqua possibile. Con la coda dell'occhio osservo il mare che si alza come un muro dietro di me e sento l'onda che sta per raggiungere la mia tavola, braccio destro in acqua, braccio sinistro con ancora più vigore, terza remata con il destro, l'onda arriva ma non mi passa, la mia tavola prende la stessa velocità e via! Salto sulla tavola e percorro l'onda più veloce che posso. L'adrenalina raggiunge il picco massimo! La mente è finalmente libera da ogni pensiero.

***

Dopo un paio d'ore e qualche altra onda, l'altezza del sole mi ricorda che devo rientrare in ufficio. sono soddisfatto!
Svesto la muta del surfista per entrare negli abiti del consulente del lavoro. La "trasformazione" si conclude con l'accensione del cellulare che mi notifica tre chiamate: due da parte di Michele e una dalla GRT. L'insistenza mi fa sperare che la situazione si sia conclusa, così, mentre metto in moto l'auto, chiamo Michele.

"Ciao Michele, ho visto le tue chiamate, sto tornando da Levanto, anche se per il resto del mondo ero in una riunione molto importante".

"Già, l'affare più importante della tua vita" scherza Michele

"Beh direi che dal mio punto di vista è fondamentale" ribatto io.

"Dopo averlo cercato di continuo i giorni scorsi lasciando anche il messaggio alla sua segretaria, sono riuscito a sentire l'avvocato di Petrale."

"Bene! Abbiamo trovato l'accordo?"

"Non mi ha neppure lasciato il tempo di accennare alla nostra proposta Edo, ancor prima di dirmi "buongiorno" ha precisato che non avrebbe trattato per meno di 100.000 € con aggiunta di spese legali. Praticamente un muro!"

"A questo punto attendiamo domani e nulla più. Ci vediamo davanti al tribunale trenta minuti prima dell'udienza. Vediamo se la notte porta consiglio, altrimenti affronteremo il giudice.
Comunico io a Giacomo l'ora dell'appuntamento. A domani."

"Ok, a domani".

Ho ancora tanta adrenalina in corpo che la notizia del mancato accordo non mi turba. Sono certo che domani troveremo il picco per entrambi e poi tutto filerà via come le onde di questa mattina.
Ora non mi resta che chiamare Giacomo per avvisarlo.
A mantenere il mio buon umore ci pensa Francesca, che con la sua voce gentile e pacata risponde al posto di Giacomo, impegnato in una riunione importante.
Le riassumo la conversazione con Michele e invece di comunicarle l'ora dell'appuntamento davanti al tribunale le chiedo se Giacomo può ricevermi di lì a due ore, giusto il tempo di arrivare alle porte di Milano da Levanto. Il mio intuito mi suggerisce che è la cosa giusta da fare.
In realtà questo incontro è quasi inutile e non saprei cos'altro aggiungere a quanto già discusso più volte, ma l'intuito vince sulla ragione anche in questo caso. Lo capisco dal tono del saluto di Giacomo.

"Ciao Edoardo, Francesca mi ha accennato alla telefonata con l'avvocato di Petrale. Tu cosa ne pensi?"

"A mio parere la richiesta è esorbitante. Non comprendo né l'importo né la totale chiusura dell'avvocato di Petrale. È come se avesse la certezza di stravincere. Nella loro memoria difensiva hanno allegato conteggi di differenze retributive, più le differenze tra il contratto a progetto, nonché la riassunzione."

"Infatti ho qui la tua relazione che hai fatto prima di licenziarlo ed anche nella peggiore delle ipotesi, reintegra a parte, le cifre sono diverse" – aggiunge Giacomo.

Per un attimo la sicurezza dell'avvocato di Petrale mi fa quasi venire voglia di stracciare la mia relazione per non rischiare figuracce, ma poi penso che i conteggi sono ben ragionati, ho seguito il problema sotto ogni punto di vista preparandolo alla causa fin dall'inizio, quindi non c'è ragione di preoccuparsi. Oggi ho dietro un muro, ma con una buona partenza riuscirò anche a cavalcare quest'onda!
Credo che Giacomo abbia percepito la mia sicurezza e infatti conclude serafico: "Abbiamo analizzato tutte le situazioni possibili ed immaginabili, ora vada come vada. Sono certo che non si poteva fare di meglio. Ci vediamo domani e grazie per essere passato. Per me questo è importante."

Mi dirigo alla macchina che ho parcheggiato il più lontano possibile dalla vista di chiunque in azienda per evitare che qualcuno possa scorgere la tavola e sospettare la scorribanda di questa mattina. Poi torno in ufficio soddisfatto per la chiacchierata con Giacomo e per il sapore di sale sulla pelle. Oggi mi dedicherò alle pratiche programmate in attesa del giorno del giudizio.

***

Ore 7.00, suona la sveglia. Finalmente è arrivato il giorno della prima udienza.
Oggi in realtà ci dovrebbe essere una prima fase interlocutoria. In questa fase il giudice deve nuovamente verificare la possibilità di tro-

vare una conciliazione fra le parti. Se le richieste sono adeguate e non esageratamente distanti cerca di risolvere la questione prima ancora che inizi la causa, diversamente prosegue con la fase istruttoria per giungere alla sentenza. Nel rito del lavoro il periodo tra istruttoria e sentenza è piuttosto breve.

Mentre salgo in metropolitana sento la tensione che cresce e raggiunge il suo apice davanti al tribunale principale e più famoso, una struttura rettangolare e decisamente imponente che fa sempre un certo effetto. Tanti scalini per raggiungere la porta principale di dimensioni enormi. Il colore che passa dal grigio scuro al grigio chiaro rafforza l'immagine di ambiente freddo ed austero. La sezione lavoro è spostata in un edificio molto dimesso alle spalle del Tribunale principale.

Ad attendermi c'è Michele che probabilmente è arrivato con largo anticipo come al suo solito. Contemporaneamente arriva Giacomo. L'incontro è previsto con 30 minuti di anticipo, non tanto per quello che ci si deve dire quanto per dare l'opportunità a Giacomo di familiarizzare con l'ambiente e togliergli eventuali dubbi.

Dopo il saluto nessuno proferisce parola per qualche minuto, salvo i soliti convenevoli su come si sta, sul meteo etc. Entriamo e ci dirigiamo verso l'aula dove troviamo già pronta in assetto di guerra la controparte.

Petrale saluta me e Michele, mentre non degna neppure di uno sguardo Giacomo. Sembra coetaneo di Michele, anche lui elegante, ma senza cravatta. Alto circa un metro e settanta, dal fisico energico ma filiforme, è calvo ed ha una grossa mascella chiusa da un pizzetto ben curato. Sembra una persona che, smessi i panni del difensore legale, frequenta qualche palestra di pugilato. Per fortuna lo scontro sarà solo di natura verbale e non fisica.

Né lui né Michele si cercano, le basi per un accordo al momento non ci sono, data la distanza delle posizioni.

Il corridoio intorno a noi è colmo di avvocati, datori di lavoro e lavoratori, molti intenti a trovare soluzioni prima ancora di entrare in aula, altri lì ad attendere con la speranza che giustizia venga fatta.

Dopo una lunga attesa trascorsa in silenzio finalmente tocca a noi. Entriamo in aula dal Giudice delegato. L'aula non ha nulla a che vedere con quelle descritte nei film americani, imponenti ed elegantissime, con sedili di legno, con la giuria alla destra del giudice togato. Qui ci troviamo di fronte una semplice scrivania, quattro sedie di pezza malconce ed un giudice vestito casual, polo e blue jeans. È seduto davanti al computer e ai faldoni delle cause programmate quel giorno, a fare da divisorio fra noi e lui.

La toga c'è, ma è appesa su un appendiabiti.

Ci sediamo. Il giudice presenta la causa e da la parola prima al dipendente e poi all'azienda.

L'avvocato di Petrale prende la parola:

"Signor Giudice. Il rapporto di lavoro è iniziato con un contratto non corretto ed al termine il mio assistito ha dovuto subire per più di due anni continue pressioni ed una situazione ingestibile come potrà aver letto dalla memoria. Per questo motivo riteniamo che la cifra adeguata quale risarcimento per il danno subito sia di 100.000 euro."

Il Giudice si gira verso di noi senza proferire parola, vuole conoscere la nostra controproposta.

Michele ribatte con la cifra di 45.000 € e tenta di giustificare l'offerta citando i conteggi che ho predisposto, ma viene presto interrotto dal Giudice che spiazza tutti con questa affermazione:

"Io avrei offerto anche meno".

Non so se la battuta sia sincera o detta solamente per raggiungere l'accordo, ma è riuscita perfettamente nell'intento di smuovere la situazione.

Petrale sorride nervosamente. Non ha capito il senso della "battuta".

Il suo avvocato invece ha capito perfettamente l'intento del giudice.

Io e Michele incrociamo lo sguardo e tiriamo un respiro di sollievo.

Non abbiamo vinto la causa, ma questa dichiarazione finalmente abbatte il muro dell'avvocato di controparte che chiede qualche minuto e, dopo aver confabulato con Petrale, rilancia con una proposta di 50.000 euro, più spese legali che vengono accettate.

Game, set e match per noi! Grida una vocina dentro di me. Ma nessuno di noi ha voglia di esultare perché in fondo in questa storia nessuno ha veramente vinto. Entrambi i protagonisti hanno perso qualcosa.

VADEMECUM 6

Quanto costa un licenziamento?

Ho cercato di riassumere in una infografica i costi sostenuti da Rota per il licenziamento di Massimo Petrale.

50.000 euro: indennità di buona uscita

(in questo caso trattasi di conciliazione – altrimenti avremmo dovuto trattare indennità retributive fino ad un importo di 24 mensilità).

1.466,83 euro Contributo per indennità Naspi.

(In caso di licenziamento il datore di lavoro è comunque obbligato a contribuire con l'indennità NASPI che può costare fino a circa 1.500 € o nei casi di procedure di mobilità nei licenziamenti collettivi dalle 3 alle 9 mensilità di contributo pari all'importo della retribuzione mensile del trattamento CIGS (fino a € 1.152,90 per mese).

Spese legali personali fino ad un importo di 6.800 euro

Ipotizzando uno "sconto" possiamo prevedere un importo di 4.000/5.000.

Concorso alle spese legali di controparte (spesso a carico del datore di lavoro) tra le 2.500 € e 5.000 €

Il compenso per il consulente del lavoro che è ben poca cosa rispetto agli altri costi. E non lo dico solo perché parte in causa. ;)

Qual è il costo di una persona che ricopre un "ruolo sbagliato" (quindi non adatto alle proprie competenze) e svolge il proprio lavoro senza alcuna motivazione? (*)

Qual è il costo emotivo di un licenziamento per l'azienda? Ossia l'impatto sul clima aziendale? (**)

*) Non intendo solo il costo dello stipendio ma anche il costo in termini di mancata produttività. Certo non è facile calcolare questo costo ma certo sappiamo che aumenta quanto più si protrae la sua permanenza in azienda.

(**) Ancor più difficile è calcolare il costo di un licenziamento in termini di energia persa all'interno del team aziendale, detto in altri termini l'impatto che un licenziamento ha sul clima. C'è chi è convinto che licenziare una persona funzioni da stimolo per tutti gli altri. In realtà è stato dimostrato che vale il principio contrario. Da una ricerca condotta da David Edwards della Drake International (importante società di consulenza in tema di gestione risorse umane) è emerso che in casi di ridimensionamento del personale si assiste ad un calo della motivazione e, conseguentemente, della produttività. In azienda si diffonde un clima di tensione e sfiducia e si abbassa anche il livello di attaccamento delle persone all'azienda. (Fonte Sole24ore 10/11/14)

Capitolo 7

Sliding doors

"Ho imparato la lezione!" è il curioso oggetto di una mail con cui Giacomo Rota mi chiede un appuntamento il giorno dopo l'udienza in tribunale.

L'accoglienza in GRT è sempre la stessa: il caldo "buongiorno" di Francesca, il caffè servito sul vassoio con qualche dolcetto ed i mitici tovaglioli di carta. Qualcosa però è cambiato nella visione di Giacomo.

"Sai Edoardo – esordisce sorseggiando il suo caffè d'orzo – l'importo che abbiamo transato per la causa Petrale è altissimo. Se dovessi sborsare quella cifra per ogni dipendente i costi in azienda lieviterebbero a dismisura."

"Sì certo – ribatto – ma la storia della tua azienda dimostra che il personale ha un'anzianità decisamente importante."

"Ci mancherebbe! Ma quello che intendevo è che mantenere un dipendente per così tanto tempo vivendo quasi da separato in casa è certamente un salasso o, per dirla come voi "bocconiani", diseconomico. Inoltre credo che tutto questo tempo perso a discutere ed ad allontanarci abbia anche influito negativamente sui risultati dell'azienda e sull'umore delle persone. Pensavo che sarebbe bastato liberarmi di una zavorra come Petrale per infondere un po' di energia alle persone che lavorano in GRT e invece ho capito che ci vorrà del tempo prima che ritorni la serenità e la motivazione di un tempo. Proprio ieri Francesca mi faceva notare che si è diffuso un clima di sospetto e alcune persone lavorano come se avessero il freno a mano inserito. Per fortuna c'è lei che mi fa notare certe cose. Sono così impegnato a definire obiettivi e strategie che a volte dimentico che il morale delle truppe è fondamentale per vincere le battaglie."

Ho sempre pensato che il valore di un persona dipenda non solo dai successi che ottiene ma anche dalle lezioni che sa trarre dagli errori. In casi simili a questo ho visto imprenditori "impermeabili", che mantengono i vecchi schemi mentali o che irrigidiscono ulteriormente le proprie posizioni nella convinzione di essere stati gabbati dal furbetto di turno o, peggio ancora, dal sistema giudiziario e dalle leggi. Ma non è il caso di Giacomo. Lui ha davvero imparato la lezione e, cosa ancor più importante, è pronto a trasformarla in azione.

"Sono convinto – prosegue Giacomo – che se ti avessi chiamato prima probabilmente le cose sarebbero andate in modo diverso. Probabilmente avrei comunque chiuso il rapporto con Petrale…"

"O magari non l'avresti neppure aperto…" aggiungo e dal suo sguardo intuisco che non aveva pensato ad un "prima" così lontano nel tempo.

"Insomma ho capito che è venuto il momento di cambiare. Cosa esattamente me lo dirai tu."

"Bene Giacomo, conosci il film Sliding Doors?"

"No, mai visto né sentito."

"È un film che ha avuto un discreto successo circa 15 anni fa. Una donna, dopo essere stata licenziata, torna a casa in anticipo e trova il marito con un'altra donna. Nel film parallelamente viene mostrato quale sarebbe stato il destino di quella donna se avesse perso il treno e non fosse arrivata a casa in tempo per scoprire il tradimento. Ora, il destino di quella donna cambia in ragione di un caso fortuito. Nel caso dei rapporti aziendali invece è diverso. Sebbene ci sia sempre in gioco una variabile esterna (o più di una), in realtà le scelte che tu fai possono determinare il destino di un rapporto professionale ancor prima che abbia inizio. Se riavvolgiamo il nastro della "vicenda Petrale" e rivediamo il film possiamo incontrare molti di quei momenti che io definisco "slidingdoors", momenti in cui avresti potuto prendere una strada diversa ed ottenere quindi risultati diversi."

"Dalla tua battuta di prima mi sembra di capire che tu non avresti neppure assunto Petrale".

"Bè, io non so, Francesca no di certo".

"Già, l'intuito femminile… Lei aveva capito subito di che pasta era fatto Petrale".

"Si, certo, l'intuito è importante ma, come puoi immaginare, nelle selezioni non possiamo affidarci solo a quello. Ti ricordi quando ti dissi che non avevamo abbastanza elementi oggettivi per giustificare un licenziamento sulla base del comportamento scorretto di Petrale?"

"Ricordo benissimo e non sai quanto questo mi abbia infastidito. Ammetto però che la trovata del disegno sul tovagliolino mi ha spiazzato positivamente, al punto che non ho avuto la forza di arrabbiarmi."

Sorrido soddisfatto e proseguo: "Come hai visto ho spostato il problema dalla persona al ruolo per avere una giustificazione oggettiva, quindi meno attaccabile del licenziamento."

"Già, adesso a posteriori posso dire che è stata un'ottima strategia".

"Bene, avremmo fatto ancor meno fatica se tu avessi adottato in azienda le job description".

"Ah sì, mi ha accennato a qualcosa Francesca. Pensa che dopo che gliene hai parlato è andata a documentarsi su internet. Anche lei mi ha detto che sono uno strumento utile per la gestione delle risorse umane ma, sai, in quel momento il mio unico obiettivo era liberarmi di Petrale."

"Già, per quanto Petrale abbia trovato un brutto modo per manifestare il proprio disagio, tuttavia il fatto che abbia ribadito più volte di non sapere quale fosse il suo ruolo in azienda dovrebbe farci riflettere. In fondo è stato assunto come responsabile vendite e si è ritrovato a gestire un call center.
Se tu avessi usato uno strumento come quello delle job description, probabilmente avresti compreso che lui non era la persona più adatta a soddisfare le tue nuove esigenze e non avreste (non solo tu ma anche lui) speso tanto tempo ed energie per mantenere un rapporto che non aveva più una ragione d'essere."

"Si capisce. Ma sai qual è la mia paura? Che le persone si chiudano nella propria job description e inizino ad usare una di quelle frasi da "statali" che odio di più e che ho bandito dalla mia azienda: "non è di mia competenza"

La GRT è cresciuta velocemente proprio perché le persone si sono sempre adattate a svolgere il lavoro che serviva in quel momento. Io stesso, se c'è da scaricare una macchina nuova, non mi faccio problemi. La flessibilità è il nostro punto di forza!"

Le job description possono diventare gabbie, scatole che rimangono in uno scaffale a prendere la polvere oppure strumenti di crescita e di miglioramento continuo. La differenza la fa come le usi. Come hai detto la tua azienda è cresciuta e il caso Petrale ha dimostrato che i vecchi sistemi di gestione non sempre sono efficaci. Se non sbaglio Winston Churchill diceva:

"Non sempre cambiare equivale a migliorare, ma per migliorare bisogna cambiare."

E sulla citazione di Winston Churchill Giacomo capitola.

"Ok mi hai convinto! Da oggi si cambia!"

VADEMECUM 7

Nel primo capitolo Edoardo Crisci chiede a Francesca la job description di Massimo Petrale e, come spesso capita in molte aziende, scopre che in GRT non esiste questo strumento. Molto più noto e diffuso è l'organigramma, che viene spesso imposto soprattutto dai sistemi di qualità. In questo vademecum presenterò entrambi questi strumenti, gli elementi che li compongono ma soprattutto le loro funzioni nella gestione del personale.

La Job description
Cos'è?

La job description è la descrizione sintetica e dettagliata del lavoro affidato alla persona che ricopre una determinata posizione in azienda. È molto più di un semplice mansionario perché non dice solo cosa fare ma anche come. Oltre all'elenco delle mansioni, infatti, una job description *può* contenere le competenze richieste per svolgere al meglio un determinato lavoro ed altre informazioni utili per inquadrare il ruolo all'interno dell'organizzazione come, ad esempio, lo scopo della posizione. Ho usato il verbo *potere* perché esistono diverse versioni di job description.

Di seguito illustrerò come strutturare una job description. Descriverò alcuni elementi che nella mia esperienza si sono rivelati particolarmente utili. Il modello che riporterò può essere naturalmente adattato ai vari contesti, eliminando alcune voci o inserendone altre.

Prima di procedere con la descrizione della job description credo sia utile precisare il significato di alcuni termini che ho già citato e che spesso vengono fraintesi.

"Compito: insieme di attività o operazioni necessariamente collegate in funzione di proprietà/capacità del lavoro umano e tecnica impiegata.

Mansione: insieme di compiti omogenei realizzati da un singolo individuo.

Posizione: l'insieme di tutti i compiti e delle mansioni assegnate al "titolare" della posizione.

Ruolo: insieme delle aspettative di comportamento nei confronti di una persona in riferimento agli obiettivi dell'organizzazione."
(Fonte: Il nuovo manuale organizzativo a cura di ODM Consulting).

Come si struttura una job description?
Come ho già detto, esistono diverse forme di job description. Da quelle più sintetiche a quelle più articolate. La struttura ed il contenuto di una job description dipendono dagli obiettivi per i quali è stata redatta ma anche dalla cultura di un'organizzazione. In seguito vedremo perché.

Ecco cosa può contenere una job description:
Titolo della posizione
Il titolo della posizione è il ruolo assegnato alla persona che si occupa di un determinato lavoro. Ad esempio responsabile di produzione, assistente di direzione, export manager, addetto al magazzino ecc. Negli ultimi anni sono spuntati titoli piuttosto fantasiosi. L'uso della lingua inglese anche in piccole realtà che operano localmente ha spesso l'unico obiettivo di far apparire più gradevole un determinato lavoro, come se un titolo che suona "figo" bastasse per motivare le persone.
Scopo
Perché esiste quella determinata posizione in azienda? Qual è il suo impatto sul lavoro delle altre persone? Che importanza ha per il business dell'intera organizzazione? Sono domande che difficilmente si pone anche chi redige una job description, figuriamoci chi non utilizza questo strumento per la gestione del personale. La sezione dello scopo è, a mio avviso, una parte fondamentale che purtroppo viene spesso trascurata e quindi omessa. Ciò riduce notevolmente le potenzialità della job description. Più tardi vedremo meglio a cosa serve una job description e quindi tutti i suoi possibili impieghi. Qui anticipo che può essere un utile strumento per la motivazione del personale. Ci sono aziende che investono parte del proprio budget per la forma-

zione, affidandosi al guru di turno che promette di motivare il personale con l'ultima trovata di outdoor training: dalla camminata sui carboni ardenti fino alla discesa sulle rapide. Sia inteso, non disprezzo questo genere di formazione che può avere una sua utilità, ma solo se ci sono delle fondamenta solide che impediscono all'energia messa in moto da quelle esperienze di non svanire in pochi giorni con effetto soufflé.

Il vero problema è che spesso le persone non percepiscono **il senso** del proprio lavoro, non sanno perché fanno quello che fanno, quali ricadute esso ha sull'intera organizzazione, qual è il proprio contributo. Ecco perché è importante la sezione "scopo" della job description. La sezione scopo ha anche il pregio di offrire una visione d'insieme dell'organizzazione. E quindi esprime la funzione di una determinata posizione in relazione al tutto.

A volte le persone sono così focalizzate sulle proprie mansioni e sui propri obiettivi da dimenticare che il proprio lavoro può facilitare o ostacolare quello degli altri.

Avere la percezione delle ricadute del proprio lavoro sull'intera organizzazione può contribuire ad alimentare il senso di responsabilità.

Uso sempre il verbo potere perché non ho ancora i capelli bianchi, ma ho abbastanza esperienza per sapere che quando si parla di responsabilità e motivazione non esistono regole fisse e principi universalmente validi. Esistono solo vie che conducono ad ottenere maggiori risultati di altri.

Come si può facilmente intuire l'elenco delle mansioni acquista una prospettiva diversa se collocato dopo l'illustrazione dello scopo della posizione.

Compiti
In questa sezione vengono elencate tutte le attività affidate al titolare di una determinata posizione che possono anche essere raggruppate in mansioni.

Competenze
In questa sezione vengono messe le conoscenze e le abilità richieste

per svolgere un determinato lavoro. Quindi possiamo trovare le lingue straniere, le competenze informatiche o digitali (l'uso di software come Office o più tecnici come quelli utilizzati da chi si occupa della gestione degli ordini o di progettazione tecnica), la conoscenza di determinate normative (questo è il caso soprattutto di chi, ad esempio, opera nell'area risorse umane o degli affari legali). Possono essere inserite anche eventuali qualifiche e certificazioni, talvolta necessarie per ricoprire determinate posizioni.

Nella sezione competenze è utile anche esplicitare le *competenze soft o trasversali*. Sono dette così perché non sono specifiche di una determinata posizione o settore ma sono applicate trasversalmente in ogni professione. Tali competenze possono essere così raggruppate:

- *competenze di pensiero*: analisi, sintesi, creatività, visione d'insieme, flessibilità di pensiero, ricerca delle informazioni;
- *competenze relazionali*: capacità di ascolto, chiarezza espositiva, orientamento al cliente esterno ed interno, intelligenza sociale, utilizzo delle differenze culturali, gestione dei conflitti, persuasività, negoziazione, teamworking, networking;
- *competenze realizzative*: delega, controllo, pro-attività, programmazione, gestione dei processi, gestione delle persone, orientamento al risultato, organizzazione ed efficienza;
- *competenze di efficacia personale*: auto-osservazione, pensiero positivo, auto motivazione, gestione dell'incertezza, autocontrollo o, meglio, gestione delle emozioni.

Per capire meglio perché è utile inserire anche le competenze soft nella job description vediamo cosa sono e come funzionano.

La competenza viene definita come *"Una caratteristica intrinseca individuale che è casualmente collegata ad una performance efficace o superiore in una mansione e che è misurata sulla base di un criterio prestabilito"* (Fonte: Spencer & Spencer, Competenze a lavoro).

Non è chiaro? Forse è più facile chiedersi quando un comportamento viene definito competente. Solitamente le persone rispondono a questa domanda così: quando una persona dimostra di possedere le conoscenze e le abilità necessarie per svolgere al meglio un determinato lavoro.

In realtà *conoscenze e abilità* sono solo gli elementi visibili di una competenza ma non sono sufficienti per giustificare una perfomance eccellente.

La competenza può essere rappresentata come un iceberg dove la parte in superficie è occupata da conoscenze e abilità. La parte immersa che, come nell'iceberg, è quella più consistente, è occupata da tratti, credenze e motivazione.

I *tratti* possono essere fisici oppure caratteriali (es. dinamismo, curiosità, disponibilità...) e si collocano immediatamente dopo la parte che emerge in superficie.

Più in profondità troviamo *le credenze*. Ciò che le persone credono di se stesse e del contesto in cui operano incide sulla loro performance.

Ad esempio, se una persona si sente inadeguata per ricoprire un determinato incarico farà fatica a performare in modo eccellente, pur possedendo le conoscenze e le abilità necessarie per ricoprire quel ruolo.

Oltre alle credenze relative a se stessi che possono essere potenzianti (ad esempio, "credo di essere una persona che, se si impegna, riesce in tutto", "credo di poter crescere, migliorare" ecc.) o limitanti ("credo di non essere portato per...") ci sono credenze relative al contesto.

Ecco alcuni esempi di credenze limitanti relative al contesto: "tanto qui non cambia nulla", "si è sempre fatto così", per non parlare poi delle credenze relative, alla crisi come "c'è crisi e non si può vendere di più".

Le credenze possono essere potenzianti o limitanti perché spesso da esse dipende l'uso che le persone fanno del proprio potenziale. Una credenza potenziante spinge le persone a dare il meglio di sé, attingendo a tutte le risorse possibili. Di contro, una credenza limitante spinge le persone a "fare economia" delle proprie energie e risorse.

Perché mai una persona dovrebbe cercare di dare il meglio di sé se tanto sa di non essere in grado di raggiungere risultati apprezzabili? Perché mai dovrebbe farlo in un contesto dove l'eccellenza non viene riconosciuta?

Ad un livello ancora più profondo troviamo poi la *motivazione*, l'elemento forse più difficile da sondare. A questo tema ho già accennato sopra. Nel corso degli anni si sono succedute diverse teorie relative alla motivazione. La teoria tayloristica che lega la motivazione al compenso economico (più guadagni, più sei motivato) ha avuto una lunga fortuna e tuttora permane in certi ambienti, ma ha dimostrato i propri limiti soprattutto in un momento di recessione come quello in cui viviamo dove è sempre più difficile trovare le risorse economiche per gli incentivi. In ogni caso, arrivati a certi livelli è provato che l'incentivo economico non è una leva per la motivazione. Anzi, talvolta può anche essere controproducente.

Si dice che la motivazione del personale sia uno degli obiettivi del leader. Spesso però non si pensa che in realtà basterebbe selezionare persone già motivate ed evitare che perdano la motivazione. La job description, come ho detto, se ben usata, può servire anche a questo.

Vediamo come tali elementi concorrono a fare in modo che un comportamento sia detto competente. Prendiamo in esame la competenza di negoziazione.

Tutti noi, fin da piccoli abbiamo messo in pratica le nostre doti di negoziazione per ottenere un dolcetto in più dalla mamma, la possibilità di vedere un programma televisivo in orari in cui la TV dovrebbe essere spenta, il permesso per uscire con gli amici fino a tardi. Crescendo tale competenza viene poi messa in pratica in vari settori. Chi poi sceglie una professione nel settore della vendita naturalmente si specializza e magari segue corsi, legge libri, acquisisce conoscenze utili per migliorare le proprie abilità.

Ciò che fa la differenza e consente di raggiungere performance eccellenti sono le credenze e la motivazione. Un negoziatore deve avere un set di credenze potenzianti ed una forte motivazione. Senza questi elementi non riuscirebbe a reggere ai no e ad andare avanti persistendo fino al successo.

Un discorso simile può essere fatto per tutte le altre competenze trasversali.

Certo, non è facile capire fino a che punto una persona possieda veramente certe competenze trasversali durante un colloquio di lavoro. Già è prassi abbastanza comune "barare" su quelle tecniche, come le lingue straniere o le competenze informatiche. Figuriamoci quando si tratta di competenze trasversali.

Il modo migliore per verificare il loro possesso è vedere le persone all'opera, ma ancor prima è possibile intuirle durante il colloquio ponendo alcune domande chiave. Una di queste, ad esempio, è: "mi racconta un suo successo professionale? Una cosa che le riesce particolarmente bene?" Per riuscire ad estrarre le competenze trasversali e il loro livello serve naturalmente una buona capacità di ascolto, che è anch'essa una competenza necessaria per chi deve gestire un colloquio di selezione.

Quelle sopraccitate sono, a mio avviso, le aree necessarie che non devono mancare in una job description. Poi ci sono altre aree che di seguito illustro per completezza.

Job summary
Il job summary è una breve sintesi (due o tre righe al massimo) della posizione con una descrizione delle funzioni più importanti. L'obiettivo di questa sezione, come dice Margie Mader Clark in un libro sulle job description, è di "vendere il lavoro al candidato" quindi deve essere "short and sweet" (breve e piacevole).

Riporto
A chi fa capo la posizione? In alcuni casi ho incontrato persone che non sanno bene a chi devono riportare, chi è il proprio referente superiore e questo, oltre a generare confusione, fa sentire insicuri e può rallentare la produttività.

Responsabilità
Quali sono le principali responsabilità? Là dove non vengono esplicitate è più frequente il gioco delle colpe che, oltre ad essere improduttivo, abbassa la collaborazione e la motivazione.

A cosa servono le job description?

Spesso alla base delle separazioni (non solo quelle professionali) vi è uno scontro di aspettative non dichiarate. Una job description è la formale esplicitazione delle aspettative relative ad un determinato ruolo. In tal senso potremmo anche dire che la job description traduce in pratica il detto "Patti chiari, amicizia lunga".

In fase di assunzione o quando si assegna un incarico ad un collaboratore spesso si tende a dare per scontato che l'altra persona abbia la stessa visione di un determinato lavoro. Invece i titoli "area manager", "assistente di direzione", "addetto al customer care" assumono spesso sfumature di significato diverso in diversi contesti. Lo stesso vale anche se entriamo più nello specifico e parliamo di mansioni. Una mansione può avere standard diversi in contesti diversi. Ogni persona utilizza la propria esperienza come filtro per interpretare un determinato ruolo o compito.

Un principio della comunicazione dice che "la mappa non è il territorio". Ciò significa che ogni persona interpreta la realtà a proprio modo e meno coordinate diamo al nostro interlocutore per definire una mappa della realtà più simile alla nostra, più lo lasceremo libero di vagare e produrre interpretazioni che sono distanti dalla nostra.

Detto ciò, sebbene una job description possa essere usata come strumento per la risoluzione di un contratto, la sua vera finalità è quella di porre delle solide basi per fare durare il più a lungo possibile un rapporto di collaborazione, aumentando le probabilità di reciproca soddisfazione.

Quindi la job description è utile in fase di assunzione o di assegnazione di un nuovo incarico nel caso di una selezione interna. È una guida che consente al collaboratore di muovere i primi passi con maggiore sicurezza ed essere operativo fin da subito, riducendo il rischio di errore o erronea interpretazione del ruolo.

La job description, o una porzione di essa, può essere mostrata in fase di colloquio o essere usata come guida per la scelta delle domande giuste da porre.

Spesso non si dedicano tempo ed energie per la definizione delle job description perché è faticoso mettere nero su bianco le aspettative relative ad un determinato ruolo. In realtà si tratta di tempo ed energie investiti per avere il livello di performance desiderato.

E a tal proposito, altra applicazione della job description si ha nella fase di misurazione e valutazione delle performance.

Il processo di costruzione delle job description è anche un'occasione per esaminare il team e l'azienda e considerare ciò di cui si ha bisogno, non solo nell'immediato ma anche in futuro.

Redigere le job description pone quesiti come: Dove siamo adesso? Dove vorremo essere in futuro? E di quali skill e abilità abbiamo bisogno perché succeda ciò che vorremmo?

Le job description servono anche per ottimizzare gli sforzi. Capita sovente che proprio durante l'attività di inserimento di questo strumento si scopra che alcune attività vengono svolte da più persone in diverse funzioni. Ad es. il magazzino, l'amministrazione, la produzione.

Quindi, riassumendo, una job description non è solo un atto formale che può tornare utile nel caso di un contenzioso o di una separazione. Al contrario può essere uno strumento per:

- facilitare la comunicazione tra datore di lavoro e collaboratori,
- orientare meglio la selezione e condurre il colloquio in modo mirato,
- accrescere la capacità di trattenere personale qualificato,
- misurare future performance e determinare anche i livelli di compensation,
- pianificare il futuro.

Insomma le job desciption rappresentano un solido fondamento per la gestione del personale.

Quando una job description è inutile o addirittura dannosa?

Quando resta lettera morta, abbandonata in un faldone insieme ad una serie di atti amministrativi che si recuperano solo in caso di emergenza come, ad esempio, quando si decide di chiudere il rapporto di lavoro.

Le job description possono diventare anche un boomerang quando vengono trasformate in gabbie dorate in cui certe persone si chiudono con piacere per avere la scusa di dire: "Non è di mia competenza", dinanzi alla richiesta di un'attività che esula dalla job description. In un'azienda di dimensioni più grandi la divisione dei ruoli è più netta e vi sono anche margini per avere dei back up di funzione, ma nelle imprese di piccole dimensioni, si sa che la richiesta di flessibilità è maggiore. Anche questa però va detta. Ecco perché non è importante solo come si definiscono le job description ma anche come si comunica questo strumento.

L'organigramma in sintesi

L'organigramma è uno strumento che permette di descrivere una struttura organizzativa aziendale in un determinato periodo, individuando le funzioni e le responsabilità di ogni unità operativa ed i legami tra una unità operativa e l'altra e tra la direzione e le aree operative. A tale documento dovrebbero poi seguire mansionari, procedure, lettere d'incarico.

L'organigramma è quindi un insieme di simboli convenzionali con cui si rappresenta la struttura organizzativa. È una rappresentazione statica della realtà aziendale.

Un organigramma teoricamente potrebbe variare in tempi molto brevi soprattutto in aziende dinamiche o di nuova costituzione. La vita aziendale nel proprio processo di crescita si adegua al mercato e quindi alcune posizioni o la stessa struttura cambiano con il cambio dei prodotti o delle dimensioni aziendali.

L'organigramma è suddiviso in unità operative e rappresenta le relazioni fra le stesse e la loro gerarchia. Gli organi di primo livello sono detti *di line* (es. direzione generale, commerciale etc) e poi ci sono organi *di staff* (che sono a supporto di un'area o di tutta l'azienda come ad es. la contabilità, l'ufficio stampa). Attraverso le linee di collegamento tra unità operative è possibile comprendere chi è responsabile di ogni singola unità produttiva o di più unità, chi decide per le singole unità operative etc. Con l'organigramma si identificano in modo chiaro le relazioni di autorità formale e le responsabilità e si possono verificare immediatamente eventuali duplicazioni di funzioni o controllo. L'organigramma delimita con precisione le diverse unità operative ed è utile alla programmazione di percorsi di carriera. È utile per comprendere l'organizzazione aziendale agli operatori esterni dal momento che permette una visualizzazione immediata dei collegamenti e le collocazioni delle singole unità operative. È un valido strumento per il controllo da parte della direzione.

Il limite dell'organigramma sta nella rappresentazione sintetica di una realtà complessa come quella aziendale, in quanto non ne descrive i comportamenti informali, non raffigura il dinamismo a cui è soggetta un'organizzazione, né identifica correttamente le deleghe, le caratteristiche dei decentramenti per quanto riguarda le responsabilità e tantomeno i rapporti fra unità orizzontali "di pari grado".

In buona sostanza, è opportuno che ogni azienda, ma anche i lavoratori abbiano ben chiare le proprie posizioni all'interno dell'organizzazione e l'organigramma, soprattutto per la fase di controllo, assume grande importanza, ma è uno (e non l'unico) strumento a disposizione e necessario alla direzione aziendale.

Come si costruisce un organigramma

L'organigramma è uno schema con la forma del diagramma che rappresenta la struttura organizzativa aziendale. In base all'analiticità della rappresentazione che si intende raggiungere, il diagramma può essere sintetico quando fornisce informazioni tra le connessioni per unità produttive, analitico quando si specificano anche i responsabili di ciascuna delle parti rappresentate e l'organico assegnato per unità. Dal punto di vista grafico vengono generalmente utilizzate caselle rettangolari o circolari che rappresentano le unità organizzative, descritte attraverso titoli (es. Direzione commerciale, Ufficio acquisti etc.) e linee o frecce che inquadrano i rapporti esistenti fra i differenti livelli di struttura. Generalmente il diagramma ha rappresentazione verticale con le funzioni apicali o di comando nel vertice alto.

Se si desidera utilizzare l'organigramma per rappresentare anche la differente gradazione nei contenuti di responsabilità ed autonomia delle varie unità operative è necessario, oltre a fornire una rappresentazione dei livelli gerarchici rispetto al vertice, anche allineare le singole unità operative sullo stesso livello per omogeneità di responsabilità ed autonomia.

Le posizioni di staff si collocano a supporto della Direzione Generale se sono a servizio dell'intera azienda oppure in prossimità della divisione alla quale sono di servizio.

ESEMPIO BASE DI ORGANIGRAMMA

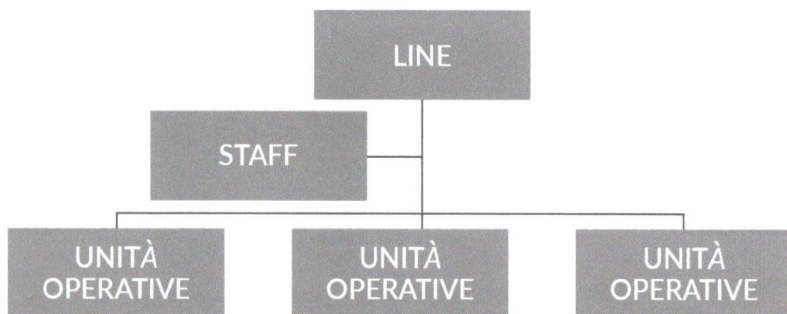

Conclusione

Ricordate la celebre scena del film "L'attimo fuggente" dove Robin Williams nei panni dell'insegnante invita i suoi alunni a salire sulla cattedra e li sprona a guardare le cose da angolazioni differenti? È sempre una questione di punti di vista.

Giacomo può apparire come uno "stronzo" oppure un imprenditore illuminato, così come Petrale può essere la vittima o il fannullone a seconda del punto di vista che si assume. Non è importante per me giudicare i personaggi di questa storia, né tanto meno verificare quanto sia stato bravo il consulente del lavoro protagonista della storia. La cosa importante è la rivelazione finale.

Finito il gioco delle colpe è venuto il momento di riflettere sulle **responsabilità**.

Come suggerisce il finale nel gioco delle colpe tutti perdono qualcosa: il lavoratore perde il posto e l'imprenditore perde soldi ed energie.

Se l'imprenditore ed il lavoratore giocano la propria parte di responsabilità ci sono maggiori chances di successo.

È responsabilità dell'imprenditore definire quale tipo di persone sia più giusto per la propria azienda ed affidare ai lavoratori le informazioni e gli strumenti utili per raggiungere gli obiettivi aziendali.

D'altro canto, è responsabilità del lavoratore riconoscere il proprio talento, coltivarlo e trovare il contesto più giusto in cui poterlo esprimere al meglio senza aspettare che sia l'azienda a farlo.

Il talento per un'azienda non è un genio o la persona stravagante, ma la persona che possiede le caratteristiche necessarie per giocare il ruolo dell'alleato nella storia dell'impresa. Il talento è colui che innanzitutto condivide i valori dell'azienda, **è orientato ai risultati aziendali oltre che ai propri e** porta un valore aggiunto in termini di atteggiamento, idee e competenze nel gruppo.

Per questo la gestione delle risorse umane è una questione complessa quanto strategica in azienda.

"Le risorse umane sono come le risorse naturali, giacciono in profondità, ecco perché bisogna andarle a cercare e soprattutto bisogna creare le condizioni affinché queste si manifestino."
(Ken Robinson)

.

Sommario

Introduzione   5

Prologo   11

Capitolo 1
"Lo voglio fuori!"   13
   VADEMECUM 1   33
      Il licenziamento in tronco   33
      Quanto costa licenziare   34
      Il falso mito delle tre lettere   37

Capitolo 2
Alla ricerca di un motivo   41
   VADEMECUM 2   47
      Licenziamento collettivo   47
      Il licenziamento individuale   48
      Il Jobs Act in breve   65

Capitolo 3
Faccia a faccia con il "Nemico"   69
   VADEMECUM 3   84
      L'outplacement (a cura di Right Management)   84

Capitolo 4
Primo Set   91
   VADEMECUM 4   97
      La DTL: una procedura che non ci sarà più?   97

Capitolo 5
"Avvocato chiama avvocato"   101
    VADEMECUM 5   111
    Dall'innamoramento alla separazione professionale   111

Capitolo 6
Il Giorno del Giudizio   114
    VADEMECUM 6   122
    Quanto costa un licenziamento: Infografica   122

Capitolo 7
Sliding doors   124
    VADEMECUM 7   129
    La Job description   129
    L'organigramma in sintesi   138

Conclusione   141

www.ingramcontent.com/pod-product-compliance
Lightning Source LLC
Chambersburg PA
CBHW041314210326
41599CB00008B/263